V&R

Harmjan Dam/Selçuk Doğruer/
Susanna Faust-Kallenberg

Begegnung von Christen und Muslimen in der Schule

Eine Arbeitshilfe für gemeinsames Feiern

Mit einem Beitrag von Reinhold Bernhardt

Vandenhoeck & Ruprecht

Die Übersetzung aller Koransuren und anderer im Original in arabischer Sprache verfassten Texte stammt von Selçuk Doğruer.

Mit 5 Abbildungen und 5 Tabellen

Bibliografische Information der Deutschen Nationalbibliothek

Die Deutsche Nationalbibliothek verzeichnet diese Publikation in der Deutschen Nationalbibliografie; detaillierte bibliografische Daten sind im Internet über http://dnb.d-nb.de abrufbar.

ISBN 978-3-525-70219-2

Weitere Ausgaben und Online-Angebote sind erhältlich unter: www.v-r.de

Satz: SchwabScantechnik, Göttingen
Druck und Bindung: ⊕ Hubert & Co GmbH & Co. KG,
Robert-Bosch-Breite 6, D-37079 Göttingen

Gedruckt auf alterungsbeständigem Papier.

Inhalt

1. Christen und Muslime begegnen sich in der Schule

Schule ist nicht nur Unterricht, Schule ist Lebensraum von Kindern und Jugendlichen. Zu der Gestaltung dieses Lebensraums gehört auch das gemeinsame Feiern. Die Anzahl gottesdienstlicher Feiern in den Schulen hat in den vergangenen Jahren deutlich zugenommen, was erfreulich ist. Schulanfangs- und Schulabschlussgottesdienste werden gefeiert, ebenso wie Abiturgottesdienste und jahreszeitlich orientierte Gottesdienste zu Ostern oder zu Weihnachten. Auf der Basis von tragfähigen und verlässlichen Kooperationen sind ökumenische Einschulungsgottesdienste zu einer Selbstverständlichkeit geworden. Nun finden wir in der Schule nicht nur evangelische und katholische Schülerinnen und Schüler, sondern zunehmend konfessionslose Kinder und Jugendliche sowie Kinder und Jugendliche mit anderen religiösen Überzeugungen und Traditionen. Etwa ein Drittel der Schülerschaft hat einen Migrationshintergrund.[1] Besonders Muslime sind dabei an herausragender Stelle zu nennen.

In Bezug auf die religiösen Feiern in der Schule stehen viele evangelische und katholische Lehrkräfte nun vor der Frage: »Was tun? Laden wir nicht-christliche Schülerinnen und Schüler ein oder aus?« »Können wir überhaupt angemessen und respektvoll miteinander religiös feiern?« »Worauf müssen wir als evangelische bzw. katholische Lehrkräfte achten, wenn wir an unseren Schulen mit muslimischen Schülerinnen und Schülern beten möchten?«

Das Fremde ist ambivalent

Auch die Schülerinnen und Schüler machen Erfahrungen mit dem »Anderen«. In Bus und U-Bahn hören sie immer mehr Menschen in einer anderen Sprache in ihr Handy sprechen. Durch die unbe-

1 Statistisches Material dazu bei Mirjam Zimmermann, Interreligiöses Lernen narrativ. Feste in den Weltreligionen, Göttingen 2015, S. 18–23.

kannte Sprache fühlen sie sich manchmal ausgeschlossen, durch den fremden Tonfall vielleicht auch beunruhigt und verunsichert. Auf der Straße und in der Schule sehen sie immer mehr Frauen und Mädchen mit einem Kopftuch. Sie besuchen in der Stadt gerne die Döner-Buden und Pizza-Restaurants. Manchmal, wenn sie abends einer Gruppe von dunkelhäutigen Jugendlichen begegnen, wechseln sie aber vielleicht die Straßenseite. Das Fremde ist für sie nicht nur interessant, sondern manchmal auch bedrohlich.

Das ist die eine Seite. Die andere ist, dass kein Mensch sein eigenes Geburtsland gewählt hat. Das gilt auch für die ganze Schülerschaft. Dennoch halten sie die erste Sprache, die sie von ihrer Mutter gehört haben, für die vertraute und die »normale«. Sie nennen die Landschaften und Orte, die sie als Kind als erste gesehen haben und in denen sie die ersten vorsichtigen Schritte machten, ihre »Heimat«. Was sie essen und trinken, wie sie leben, was ihnen und ihrer Gruppe wichtig ist, erfahren sie als »normal«. Wenn genügend Menschen in ihrer weiteren Umgebung die gleiche Sprache sprechen und die gleichen Werte und Normen haben, ist das ihre »Kultur«. Alles, was anders ist, wird zunächst als fremd und vielleicht bedrohlich erfahren.

Auch wenn Kulturen sich fortwährend durch Kontakt mit anderen Kulturen verändern, reagieren Menschen häufig ähnlich, wenn sie eine starke Einwanderung erleben. Doug Saunders beschreibt diese stereotype Reaktion wie folgt: »Sie sind anders als frühere Gruppen. Sie wollen sich nicht integrieren. Ihre Religion zwingt sie, uns ihre Werte aufzunötigen. Mit ihren vielen Kindern werden sie uns überschwemmen. Sie sind illoyal und zu Gewalt fähig.«[2] Saunders nennt in seinem Buch *Mythos Überfremdung* Beispiele von diesen sehr vergleichbaren kollektiven Abwehrprozessen: gegen die irischen Katholiken in den USA um 1900, gegen die osteuropäischen Juden in England und Deutschland in der ersten Hälfte des 20. Jahrhunderts und heute gegen Türken, Marokkaner und Flüchtlinge aus Afrika und dem Nahen Osten. Fundiert widerlegt er die Vorwürfe mangelnder Integration. Die Zuwanderer haben zwar anfänglich Sprachprobleme, aber sie lernen schnell, wenn man ihnen die

2 Doug Saunders, Mythos Überfremdung – Eine Abrechnung, Toronto/München 2012, S. 197.

Chance dazu gibt. Ihre Werte sind anfänglich andere, aber in der dritten Generation sind sie oft noch stärker integriert als viele »Eingeborene«, wie er anhand von Zahlen aus Großbritannien belegt. Sie haben – bedingt durch ihren oft agrarisch-ländlichen Hintergrund – große Familien, aber schon in der zweiten Generation unterscheidet sich ihre Geburtenrate kaum von der der neuen Umgebung.

Was heißt das für die Schule?

Schulen sind ein wichtiger Faktor für eine gelingende Integration. In den Schulen wird das Fundament für das zukünftige Zusammenleben von Menschen mit unterschiedlichem kulturellen und religiösen Hintergrund gelegt. Zum Sozialisationsauftrag der Schule gehört darum nicht nur, dass die bestehende Kultur weitergegeben wird. Die junge Generation soll lernen, das Fremde nicht abzulehnen und kulturellen Veränderungsprozesse offen gegenüberzustehen. Die Schule muss dem Wunsch der Migranten nach Integration entsprechen und lernen, den Anderen und das Andere zu akzeptieren. Dies darf nicht der Begegnung auf dem Schulhof, in den Nachmittags-Arbeitsgemeinschaften oder auf dem Schulweg überlassen werden.

Die Begegnung mit dem »Fremden« wird vor allem spannend und schwierig, wenn es um das »Eingemachte«, um die Religion und die Glaubensüberzeugungen, geht. Hier gelten in der öffentlichen Schule die beiden Artikel des Grundgesetzes § 7,3 und § 4. In GG 7,3 wird der Religionsunterricht an öffentlichen Schulen als ordentliches Lehrfach genannt und inhaltlich an die Grundsätze von Religionsgemeinschaften gebunden. Allerdings wird auch formuliert, dass kein Lehrer gegen seinen Willen verpflichtet werden kann, Religionsunterricht zu erteilen. In GG 4 wird die Freiheit des Glaubens als unverletzlich bezeichnet und das Recht auf ungestörte Religionsausübung gewährt. Die Religionsfreiheit ist als eine negative und eine positive zu verstehen: Sie kann nicht erzwungen und muss gestaltet werden.[3] Die Schule ist keine »religionsfreie Zone«

3 Ev. Kirche in Deutschland (Hg.), Religiöse Orientierung gewinnen. Evangelischer Religionsunterricht als Beitrag zu einer pluralitätsfähigen Schule, Gütersloh 2014, insb. S. 38–42.

Abb. 1: Kulturen ändern sich durch Begegnung. Die Agios-Nicolaos-Kirche in Chania (Kreta), gebaut als Griechisch-Orthodoxes Kloster, später Moschee (mit Minarett) und Dominikanerkloster (mit Turm), jetzt Kirche.

und hat die im Grundgesetz verankerte Aufgabe, ein Ort zu sein, an dem Religion gestaltet werden kann. Sie ist dann pluralitätsfähig, wenn sie unterschiedliche Konfessionen und Religionen ermöglicht und im Schulleben Raum für religiöse Rituale und Feste anbietet.

Andere Religionen und Überzeugungen werden selbstverständlich im konfessionellen Religionsunterricht behandelt. Guter Religionsunterricht vollzieht eine Pendelbewegung zwischen Innen- und Außensicht auf die eigene Religion. Er bietet Heimat und begibt sich mit den Schülerinnen und Schülern auf die Reise zum Anderen. Er ermöglicht so Vergewisserung des Eigenen und die Entdeckung des Anderen. Dabei darf nicht nur über den Anderen gesprochen werden, sondern es muss in der Schule zu wirklichen Begegnungen kommen.

Das ist nicht immer einfach. In diesem Buch versuchen wir Anregungen für diese Begegnung und insbesondere für gemeinsames Feiern zu geben. Wir sind uns bewusst, dass wir mit unseren Überlegungen noch am Anfang stehen. Es sind nun Praktiker gefragt, die verschiedenen Modelle weiter zu erproben und die Erfahrungen dann zu teilen.

Was finden Sie in diesem Buch?[4]

Im nächsten Kapitel sind zuerst zwei theologische Sichtweisen auf die Thematik des gemeinsamen Betens von Christen und Muslime dargelegt. Weil es nicht die *eine* christliche oder die *eine* muslimische Sicht gibt, haben wir hier zwei namentlich erkennbare Überlegungen aufgenommen. Die evangelische Sicht wird hier von Reinhold Bernhardt (Universität Basel) vertreten. Die islamische Sicht auf das gemeinsame Gebet wird von Selçuk Doğruer (Frankfurt) dargestellt.

Im dritten und vierten Kapitel werden praktische Informationen für die Begegnung von Muslimen und Christen in der Schule gegeben. Sie sind nach Praxisfragen aus der Schule geordnet.

---

4 Eine Vorform dieses Buches erschien im Religionspädagogischen Institut der Ev. Kirche in Hessen und Nassau unter dem Titel *Wenn Christen und Muslime in der Schule beten.* An dieser Arbeitshilfe hat Studienleiterin (i. R.) Frau Annegret von Dahl mitgearbeitet.

Schwerpunkt dieses Buches bilden die Kapitel 5 und 6. Zunächst werden vier theologische Formen von religiösen Feiern in der Schule unterschieden: liturgische Gastfreundschaft, multireligiöse Feier, interreligiöse Feier und Schulveranstaltung mit religiösen Elementen. Diese Unterscheidungen sind notwendig, um theologische, juristische und praktische Fragen der gemeinsamen Feiern von Christen und Muslimen zu klären.

In Kapitel 6 werden praktische Beispiele dargestellt. Hierzu gehören u. a. Einschulungsgottesdienste und Trauerfeiern. Das Kapitel endet mit einer Materialsammlung von Gebeten und Segensworten.

Auch wenn in einzelnen Beiträgen dieses Buches eine gewisse Vorsicht durchklingt, ist damit nicht gemeint, dass wir das gemeinsame Beten von Christen und Muslimen verhindern möchten. Im Gegenteil, dass wir als christlicher Theologe, als islamischer Theologe und als christliche Theologin gemeinsam dieses Buch geschrieben haben, zeigt, dass die Zeit vorbei ist nur *über* einander zu sprechen. Gemeinsam wollen wir auf diese Weise den Beitrag von Religion am Schulleben fördern.

Harmjan Dam, Selçuk Doğruer, Susanna Faust-Kallenberg

2. Theologische Grundlagen für das Beten von Christen und Muslimen in der Schule

Eine evangelische Sicht *(Reinhold Bernhardt)*

Immer wieder wird die Frage gestellt, ob Christen und Muslime miteinander beten »dürfen«. In dieser Frage drücken sich Bedenken aus, die ernst genommen werden müssen: Werden bei einem gemeinsamen Gebet nicht zentrale Inhalte des christlichen Glaubens verleugnet: das Verständnis Gottes als des Dreieinigen etwa oder das Bekenntnis zu Jesus Christus als dem menschgewordenen Gotteswort oder der Glaube an die Heilsbedeutung seines Todes? Dürfen diese und weitere charakteristische Inhalte des christlichen Glaubens in einem gemeinsamen Gebet nicht enthalten sein? Wenn das der Fall ist, ist ein solches Gebet dann noch christlich? Umgekehrt kann man aber fragen, ob es der Sinn eines Gebets ist, ein möglichst vollständiges Glaubensbekenntnis abzulegen, oder ob es nicht vielmehr darum geht, eine bestimmte Erfahrung in einer bestimmten Situation dankend, bittend, vielleicht klagend oder lobend vor Gott zu bringen.

Die zuweilen ängstlich gestellte Frage, ob Christen und Muslime miteinander beten »dürfen«, hängt also nicht zuletzt davon ab, wie man das Gebet überhaupt versteht. Mehr noch: Sie ist letztlich untrennbar von der Frage nach der theologischen Sicht des Islam im Ganzen. Aus Sicht der evangelischen Theologie will ich dazu einige Anmerkungen machen, die nicht als abschließende Positionsbestimmung, sondern als Einladung zum inner- und interreligiösen Dialog über diese Frage(n) verstanden werden wollen.

Worin besteht die Kritik an gemeinsamen Gebeten von Christen und Muslimen?

Kritiker dieser Praxis befürchten, dass dabei ein kleinster gemeinsamer Nenner zwischen den beiden Religionen gesucht werden muss und diese damit ihre Eigenart verlieren und verwässert werden. Hier geschehe eine Relativierung oder sogar eine Religionsvermischung, so lautet der Vorwurf. Wenn das Gebet nicht im Namen Jesu Christi gesprochen werde und man sich stattdessen auf einen allgemeinen Gottesglauben zurückziehe, dann sei dieses Gebet nicht mehr Ausdruck des christlichen Glaubens.

Diese Kritik betrifft allerdings nicht alle Formen des gemeinsamen Gebets in gleicher Weise. Man unterscheidet in der Diskussion zwischen dem interreligiösen und dem multireligiösen Gebet. »Multireligiös« bezeichnet eine Gebetsform, bei der Christen und Muslime nacheinander beten, wobei jeder und jede betet, wie es ihrer oder seiner eigenen Tradition entspricht. Beim »interreligiösen« Gebet wird demgegenüber der gleiche Gebetstext gemeinsam gesprochen. In den kirchlichen Stellungnahmen auf römisch-katholischer und auf evangelischer Seite herrscht weitgehender Konsens darüber, dass das multireligiöse Gebet dem interreligiösen vorzuziehen sei. Denn beim interreligiösen Gebet würden die jeweiligen Glaubensidentitäten zurückgedrängt. Die oben genannte Kritik betrifft also vor allem diese Form.

Eine zweite Unterscheidung ist in diesem Zusammenhang wichtig: Werden »klassische« rituelle Texte aus der Tradition der beiden Religionen (wie das Vaterunser oder die erste Sure des Koran) herangezogen oder wird ein frei formuliertes Gebetsanliegen vorgetragen oder werden beide Formen miteinander kombiniert? Besonders gegen das freie Gebet kann wiederum das Bedenken vorgetragen werden, dass der Wunsch nach Gemeinsamkeit im Gebet die Unterscheidung der Glaubensprofile zurückdrängt. Aber auch dann, wenn nur solche traditionellen Texte ausgewählt werden, die möglichst wenig Anstoß beim andersreligiösen Gebetspartner erregen sollen, stellt sich diese Frage.

Die kontroverse Grundfrage lautet: Ist das Gottesverständnis, das Menschenverständnis, das Verständnis der Beziehung zwischen Gott und Mensch, das Gebetsverständnis, überhaupt die gesamte Glaubensauffassung der Muslime nicht so verschieden von der der Christen, dass ein gemeinsames Gebet – sei es miteinander oder nebeneinander oder nacheinander – eine Gemeinsamkeit vortäuscht, die nicht existiert? Richtet sich das Gebet an den gleichen Gott? Kann das Gebet der Muslime theologisch als authentisches Gebet anerkannt werden?

Die *Kritiker* des gemeinsamen Gebets argumentieren von Christus her. Ihr Hauptargument lautet: Gott hat sich in Christus ein-für-alle-Mal, normativ und definitiv zu erkennen gegeben. Deshalb kann man sein Wesen – das Wesen unbedingter Gnade – auch nur von Christus her erkennen. Deshalb kann man auch nur im Namen Jesu Christi und in der Kraft des Heiligen Geistes authentisch beten.

Die *Befürworter* des gemeinsamen Gebets argumentieren dagegen eher von den beiden anderen Artikeln des dreiteiligen Glaubensbekenntnisses der Christenheit her: von Gott, dem Schöpfer und vom Geist Gottes, der weht, wo er will: Gott ist nicht der Stammesgott der Christen, sondern der Herr über Himmel und Erde. Seine Herrschaft erstreckt sich über die ganze Geschichte, damit auch über die ganze Religionsgeschichte. Er ist »größer« als alles, was religiöse Traditionen über ihn sagen. In Noah hat er einen Bund mit der ganzen Schöpfung geschlossen, sich in der ganzen Schöpfung offenbart und sich auch den Völkern nicht unbezeugt gelassen (Apg 14,15–17). Gottes Gegenwart in seinem Geist ist die kosmische Schöpferkraft, die nach Gen 1,2 von Anbeginn an über den Wassern schwebt, die vor, in und nach Christus wirkt und Menschen aller Völker ergreift. In gleicher Weise wird in Joh 1,9 vom »Wort« Gottes gesagt, dass es alle Menschen erleuchte, die in diese Welt kommen. Sollte es dann nicht möglich sein, mit Menschen, die von diesem Geist erfüllt sind, gemeinsam zu dem Gott zu beten, von dem dieser Geist ausgeht?

Die Kritiker des gemeinsamen Gebets betonen also die Selbstidentifikation Gottes in Jesus Christus, die Selbst-Bindung Gottes an diese eine Offenbarung an einem bestimmten Punkt in der Geschichte. Die Befürworter betonen die Allgegenwart Gottes in der ganzen Schöpfung. Die einen verweisen auf den punktuellen Fokus der Gottesoffenbarung, die anderen auf ihren universalen Horizont. Beides gehört aber zusammen.

Gebet im Namen Jesu Christi

Dass sich das christliche Gebet im Namen Jesu Christi vollzieht, ist der Kern des christlichen Gebetsverständnisses. So sehr es an Gott, den Vater, adressiert und im Geist vollzogen wird, so wenig kann es doch vom »Gottesmittler« Jesus Christus absehen. Nach christlichem Verständnis bedeutet das Gebet Teilhabe an der vertrauensvollen Gottesbeziehung Jesu, wie sie vor allem im Vaterunser zum Ausdruck kommt. Diese Gottesbeziehung hat ihren Grund in der unbedingten Gnade Gottes, der seine Zuwendung nicht von einem bestimmten Glaubensbewusstsein und nicht von einem bestimmten Gebets- und Gottesverständnis abhängig macht. Es gibt keine Zugangsbedingung zu diesem Gott, seine schenkende Gerechtigkeit ist bedingungslos. In dieser Einsicht besteht das Zentrum der evangelischen Theologie.

Wenn aber die Zuwendung der Betenden zu Gott in der unbedingten Zuwendung Gottes zum Menschen gründet, wie sie in Christus Ereignis geworden ist, dann kann das rechte Gebet nicht von der Bedingung des rechten Gebets- und Gottesverständnisses abhängen. Für das gemeinsame Gebet kann es daher auch nicht entscheidend sein, ob die daran Beteiligten Christen sind, sondern ob das Gebet im Geist Gottes stattfindet: dem Geist der unbedingten Liebe und Vergebungsbereitschaft, wie er in Jesus Christus Gestalt angenommen und sich durch ihn offenbart hat. Wenn ein Gebet in diesem Geist vollzogen wird, richtet es sich an den Gott, von dem dieser Geist ausgeht. Wenn es dagegen im Geist der religiösen Selbstgerechtigkeit gesprochen wird, widerspricht es diesem Geist, auch wenn es noch so inbrünstig im Namen Jesu gebetet wird. Wichtiger als die *Gestalt* ist der *Gehalt* des Gebets – und mit ihm verbunden die *Haltung* des Betenden.

Die Christen beten im Namen Jesu Christi, die Muslime werfen sich vor dem Allbarmherzigen nieder. Christen und Muslime dürfen darauf hoffen, dass ihre Gebete den gnädigen Gott erreichen. Gott ist gegenwärtig, auch wo er nicht im Glauben an Jesus Christus erfasst wird. Christus ist und bleibt für den christlichen Glauben der Fokus zur Erkenntnis des Wesens, Willens und Wirkens Gottes. Aber gerade diese Gottesoffenbarung enthüllt die Unbedingtheit und die Universalität der Gnade Gottes. Sie ist in Christus konzentriert, aber nicht auf ihn begrenzt. Von Jesus und im Glauben an Christus wird inhaltlich Entscheidendes über Gott gesagt: über die Unbeirrbarkeit seiner sich schenkenden Gnade. Das bedeutet aber nicht, dass diese Gnade nur im Glauben an Christus zur Wirksamkeit käme. Dann wäre sie nicht universal und unbedingt.

Jesus Christus ist der Mittler, durch den – bzw. in dessen Namen – Christen beten. Aber er ist nicht der Adressat des Gebets. Nach neutestamentlicher Überlieferung weist Jesus über sich hinaus auf Gott hin, zu dem er selbst gebetet hat. Sein Glaube, seine Verkündigung, seine Praxis sind auf Gott und auf den Anbruch der Gottesherrschaft ausgerichtet: »Was nennst Du mich gut, Gott allein ist gut« (Mk 10,18). »Es werden nicht alle, die zu mir sagen: Herr, Herr!, in das Himmelreich kommen, sondern die den Willen meines Vaters im Himmel tun« (Mt 7,21). Auch nach dem Zeugnis des Johannesevangeliums wehrt sich Christus dagegen, selbst verehrt zu werden. Nach Joh 7,18 sucht er nicht seine eigene Größe, sondern stellt sich ganz in den Dienst Gottes.

Der Adressat des Gebets ist Gott, von dem es im Psalm 145,18 heißt: »Der Herr ist nahe allen, die ihn anrufen, allen, die ihn aufrichtig anrufen«. Letztlich entscheidend für das Gebet ist nicht der Name, in dem gebetet wird, sondern zum einen der Adressat, zu dem gebetet wird, und zum anderen die Haltung, in der gebetet wird. Für das gemeinsame Gebet von Juden, Christen und Muslimen ist das von eminenter Bedeutung. In der Aufrichtigkeit der Haltung stehen Muslime und Juden den Christen aber – soweit unser Blick reicht – nicht nach.

Die Hingabe des Glaubenden an Gott und sein Dienst am Nächsten gründen in der Hingabe Gottes an den Menschen. Das ist das Zentralthema des Evangeliums. In dieser Hingabe setzt sich der in Jesus Christus begegnende Gott souverän über soziale, ethnische und eben auch religiöse Grenzen hinweg. Jesus hat nicht zuerst nach dem rechten Verständnis Gottes gefragt, sondern die ihm begegnenden Menschen angenommen und nicht selten Nichtjuden als von Gott Erwählte gewürdigt, wie die Witwe von Sarepta, die Elija speiste (Lk 4,26), oder den Syrer Naaman (Lk 4,27). Die kanaanäische (syrophönizische) Frau, deren Tochter er heilte (Mt 15,21–28), oder den (römischen) Hauptmann von Kapernaum, der Jesus um Hilfe für seinen kranken Knecht bat (Mt 8,5–13), stellte er als Vorbilder des Glaubens heraus – ohne sie zur Nachfolge aufzufordern. Er verwies darauf, dass sich die Niniviten von Jonas Bußpredigt gewinnen ließen (Lk 11,30–32), und ließ den fremden Dämonenaustreiber in seinem Namen gewähren (Mk 9,38–40). Im Gleichnis vom barmherzigen Samariter stellte Jesus den Juden nicht den zum Gottesdienst nach Jerusalem eilenden Priester und Leviten, sondern einen von ihnen für gottlos gehaltenen Mann aus Samaria als selbstlosen Helfer vor Augen (Lk 10,29–37). Als er sich nach Joh 4 zur samaritanischen Frau an den Brunnen setzte und sogar noch zwei Tage in ihrem Dorf blieb, durchbrach er ein Tabu, denn es war Juden verboten, mit den verachteten Samaritanern Kontakt zu haben. Das sind Zeugnisse der religionsübergreifenden Hingabe des einen Gottes an die Menschen vielerlei Glaubens.

Nicht das gemeinsame Verständnis des Gebets, sondern *Gott* ist der Grund des gemeinsamen Gebets. Daher können Christen und Muslime (wie auch Juden) gemeinsam vor Gott stehen und sich mit der Bitte um seinen Beistand und seinen Segen an ihn wenden.

Derselbe Gott?

Wenn die Begründung für das gemeinsame Feiern und Beten nicht in den Gemeinsamkeiten der beiden Religionen und auch nicht in einem bestimmten Gebetsverständnis, sondern in Gott liegt, nach dem sich Christen und Muslime ausstrecken, dann läuft alles auf die ebenso schlichte wie zentrale Frage hinaus, ob der Adressat des Gebets von (Juden,) Christen und Muslimen derselbe ist.

Der Koran gibt eine eindeutige Antwort auf die Frage, ob Juden, Muslime und Christen denselben Gott anbeten. Nach Sure 29:46 geht Mohammed davon aus, dass »unser« Gott derselbe ist wie der Gott der Juden und Christen. In Sure 3:61 wird auf dieser Grundlage zu einem gemeinsamen Gebet aufgerufen. Auch Juden stellen in aller Regel nicht infrage, dass Christen und Muslime zum gleichen Gott beten wie sie. Auch die römisch-katholische Kirche hat die Selbigkeit Gottes als Adressat der christlichen wie der islamischen Gottesverehrung im und seit dem Zweiten Vatikanischen Konzil (Lumen gentium, 16) explizit anerkannt und die Muslime in den allgemeinen Heilswillen Gottes eingeschlossen. Auf evangelischer Seite wird die Selbigkeit Gottes im christlichen und im muslimischen Glauben dagegen zuweilen bestritten; und zwar mit dem oben genannten Hinweis darauf, dass Gott sich in Jesus Christus und nur hier definitiv zu erkennen gegeben hat.

So sehr es zum christlichen Gebetsverständnis gehört, dass ein Gebet im Namen Jesu Christi an Gott gerichtet wird, so wenig kann doch behauptet werden, dass Gebete von Nichtchristen, die nicht im Namen Jesu Christi gesprochen werden, Gott nicht zu erreichen vermögen und daher nicht als »gültiges« Gebet neben dem christlichen Gebet stehen könnten. Sonst könnte es auch keine gemeinsamen Gebete mit Juden geben.

Wenn bestritten wird, dass Christen und Muslime zum selben Gott beten, dann stellt sich die Frage, wie der Gott, zu dem in der Moschee gebetet wird, theologisch zu beurteilen ist. Ist es überhaupt Gott? Oder handelt es sich um eine menschliche Projektion? Wenn er Gott ist, ist es dann ein anderer Gott? Dann hätten wir es mit verschiedenen Göttern zu tun – das wäre ein Verstoß gegen das erste Gebot. Soll man stattdessen denken, dass der eine und einzige Gott dort auf falsche Weise angebetet wird? Oder soll man die Wahrheitsfrage an dieser Stelle außer Kraft setzen und sich solcher spekulativen Überlegungen enthalten? Wenn man diese Frage aber offen lässt, dann wirkt die von ihr ausgehende Verunsicherung fort. In jeder Praxis ist ein bestimmtes Vorverständnis enthalten. Um Orientierung zu gewinnen, muss dieses Verständnis thematisiert und der Klärung ausgesetzt werden.

Natürlich kann man die Frage, ob Juden, Christen und Muslime zum selben Gott beten, nicht abschließend beantworten. Man kann nur Argumente aus der biblischen Überlieferung, der theologischen Tradition, der Erfahrung des gelebten Glaubens und aus der rationalen Reflexion gewinnen, um nach der relativ überzeugendsten Antwort zu suchen. Es gibt gute Argumente, die es nahelegen, von der Selbigkeit Gottes als letztgültigem Bezugspunkt im Glauben und Beten der Juden, Christen und Muslime auszugehen.

Das Wichtigste dieser Argumente lautet: Es gibt nur den einen Gott. Und dieser Gott ist der Gott des ganzen Kosmos, der die gesamte Geschichte mit seinem Geist durchdringt und sich damit auch den Angehörigen aller Religionen vergegenwärtigt. Wenn man dem biblischen Verständnis folgt, demzufolge Gott sich in der ganzen Schöpfung vergegenwärtigt, in Christus zu allen Menschen gesprochen hat und im Geist allen nahe ist, dann gibt es gute Gründe für die Annahme, dass der Gott, zu dem Christen im Namen Christi beten, kein anderer ist als der Gott, an den sich die Muslime hingebend wenden.

Nach neutestamentlicher Überlieferung hat Jesus in eine erneuerte, durch vertrauende Hingabe getragene Beziehung zu Gott geführt, aber keinen anderen Gott als den Gott seiner jüdischen Väter verehrt. Die Muslime bekennen sich zu diesem Gott der Juden, dem Gott Abrahams, Isaaks und Jakobs, auch wenn sie in vielem und auch in zentralen Aspekten vom Gottesbild der christlichen Tradition abweichen. Doch wie beim Gebet nicht das Gebetsverständnis entscheidend ist, so auch beim Gottesglauben nicht das Gottesbild. Zum christlichen Glauben gehört die Selbstunterscheidung des Verständnisses von dem, was es zu verstehen sucht.

Man muss unterscheiden zwischen Gott und dem Gottesdenken der Religionen, zwischen Glaubensgrund und Glaubensausdruck. Zwischen den drei Glaubenstraditionen gibt es tiefe Differenzen. Aber man kann nicht von diesen Differenzen im Glaubensdenken der Religionen auf die Differenz des göttlichen Grundes schließen, auf den sie sich beziehen. So darf man sagen: Christen und Muslime glauben auf verschiedene Weise an den gleichen Gott.

Der dreieine Gott

Die Differenzen im Gottesverständnis von Christentum und Islam betreffen vor allem die Dreieinigkeit Gottes. Mit Nachdruck weist der Koran den Glauben an die Gottessohnschaft Jesu und die Gottesmutterschaft Mariens zurück. Bei der so dargestellten Trinität handelt es sich natürlich um ein Zerrbild dessen, was der christliche Glaube unter der Dreieinigkeit Gottes versteht. Doch ist dieses Bild nicht von Mohammed hervorgebracht worden. Es war dies das Trinitätsverständnis von christlichen Gruppen, die zur Zeit Mohammeds auf der arabischen Halbinsel lebten und eine starke Marienfrömmigkeit pflegten. Sicher kann und muss man in Gesprächen mit Muslimen darauf hinweisen, dass es sich dabei um eine Abweichung von der kirchlichen Lehre handelt. Aber mit dieser historischen Einordnung ist die theologische Frage noch nicht berührt, wie denn die Dreiheit in Gott zu verstehen ist.

Für Muslime stellt das trinitarische Gottesverständnis einen Angriff auf die Einheit Gottes dar. Sie sehen darin eine Aufhebung des Monotheismus durch »Beigesellung« vergöttlichter menschlicher Wesen (Jesus, Maria). Demgegenüber lässt sich deutlich

Abb. 2: Christen können nur in dreifacher Weise über die Zuwendung des einen Gottes sprechen. (Fenster im Benediktinerkloster Tholey im Saarland)

machen, dass die Annahme einer *inneren* Differenzierung in Gott keineswegs gleichbedeutend ist mit der Aufhebung seiner Einheit und Einzigkeit. Wenn von einer Dreipolarität im Wesen Gottes die Rede ist, dann ist damit nicht eine Gemeinschaft dreier Gottwesen gemeint.

Christen können nur in dreifacher Weise über die Zuwendung des einen Gottes sprechen. Es ist ein Hymnus auf die dreifache Selbstvergegenwärtigung Gottes: erstens in der ganzen Schöpfung, zweitens in Jesus Christus und drittens in der Allgegenwart seines Geistes. Diese dreifache Präsenz, die ihre Entsprechung in Gott selbst hat, bringt die Trinitätslehre zum Ausdruck. Insofern ist diese Lehre Niederschlag der christlichen Gotteserfahrung und seiner theologischen Reflexion. Als solche ist sie nicht Gegenstand, sondern Strukturprinzip des christlichen Glaubens. Das relativiert ihre Bedeutung in keiner Weise, sondern bringt diese gerade zur Geltung. Theologie darf sich nicht über die gelebte Gottesbeziehung stellen und immer unterscheiden zwischen Gott und den menschlichen Versuchen des Gottesdenkens.

Gemeinsam vor dem einen Gott – Konsequenzen für die Praxis

Dass wir beten und dabei hoffen dürfen, dass Gottes Herz für unser Gebet aufgeschlossen ist, ist selbst ein Geschenk Gottes. Dieses Geschenk darf nicht mit einem Ausschließlichkeitsanspruch bewehrt und gegen andere gewendet werden. Wir können es getrost Gott überlassen, wie er mit dem Gebet der Muslime und der Juden umgeht. Deshalb kann das Gebet im Namen Jesu Christi nicht dazu dienen, ein Gebet zu Gott, das nicht im Namen Jesu gesprochen wird, für unvereinbar mit dem christlichen Glauben zu halten. Die Unterstellung, dass Gott auch die Gebete der Juden und Muslime annimmt, verwässert die christliche Glaubensgewissheit in keiner Weise. Im Gegenteil: Sie nimmt den Glauben Jesu an die allumfassende Güte Gottes ernst und ist eine Konsequenz daraus.

Theologisch gibt es gute Gründe, die gemeinsame Gebete möglich machen. Das sind Gründe, die sich nicht aus praktischen Erwägungen ergeben, auch nicht nur aus seelsorgerlichen, sondern aus einer Besinnung auf den Kern des christlichen Glaubens.

Welche Form eine solche gemeinsame Feier haben soll, kann nicht a priori entschieden werden. Diese Frage muss in der jeweiligen Situation in Abstimmung mit den Beteiligten besprochen werden. Es kann die gastweise Teilnahme an der Feier der anderen Religionsgemeinschaft sein, die Beschränkung auf liturgisch wenig profilierte Texte und Handlungen, die räumliche und/oder zeitliche Trennung der Gebete im Rahmen einer gemeinsamen Feier oder die gemeinsame Gestaltung der Feier mit gemeinsam formulierten und gesprochenen Gebeten. Bei der Entscheidung über die Form einer gemeinsamen religiösen Feier sollte die Angst um die Identitätswahrung des christlichen Glaubens ernst genommen, aber nicht zum entscheidenden Verhinderungsgrund erhoben werden. Ängstliche Identitätssicherung ist das genaue Gegenteil von Glauben als Vertrauen auf die Tragkraft der Gottesbeziehung. Sie kann in eine Gesetzlichkeit führen, die gerade dem evangelischen Glaubensverständnis fremd sein müsste.

Die Unterscheidung zwischen multi- und interreligiösen Gebeten ist theologisch gesehen nicht sehr überzeugend. Hans-Martin Barth schlägt vor, sie durch den übergreifenden Begriff des »integrativen

Betens«[5] zu ersetzen. Es gibt allerdings sachliche Überlegungen, die dafür sprechen können, der Form des multireligiösen Betens und Feierns den Vorzug zu geben. Denn dabei kann die ganze Fülle der Artikulationen des christlichen und islamischen Glaubens ausgeschöpft werden. Wo Christen und Muslime sich nicht auf Formulierungen verständigen müssen, die sie gemeinsam sprechen können, ist es ihnen möglich, »aus dem Vollen« ihrer jeweiligen Traditionen zu schöpfen und auf diese Weise unverkürzt und authentisch vor Gott ihr Herz auszuschütten. Dabei können und dürfen sie die Angehörigen der jeweils anderen Religion in ihr Gebet einschließen, ohne Furcht, sie zu vereinnahmen.

Es mag aber auch Situationen geben, in denen Christen und Muslime eine Symphonie des Gotteslobes anstimmen wollen, indem sie gemeinsam ausgewählte oder sogar gemeinsam formulierte Texte sprechen – in der Tradition des freien Gebets, das sowohl im Christentum wie im Islam üblich ist.

Dies wird nicht der Regelfall, sondern immer der situationsbedingte Ausnahmefall sein. Auch für Muslime kann das gemeinsame Gebet mit Angehörigen anderer Religionen nicht im Rahmen des Pflichtgebets oder des Gottgedenkens erfolgen, sondern immer nur in einem außerrituellen Setting. Und selbst dann kommt für viele Muslime ein interreligiöses Gebet nicht infrage, und auch dem multireligiösen Gebet stehen sie distanziert gegenüber. Solche Reserviertheit auf muslimischer wie auf christlicher Seite ist ernst zu nehmen. Wenn dennoch der Wunsch nach einer gemeinsamen religiösen Feier aufkommt, dann braucht es viel Sensibilität in der vorausgehenden, begleitenden und nachfolgenden Verständigung zwischen den Beteiligten. Aber solche Sensibilität ist nicht zu verwechseln mit skrupulöser Zurückhaltung. Die Freiheit des christlichen Glaubens öffnet Spielräume, die verantwortlich genutzt werden können.

Es kann ein Ausdruck dieser Freiheit sein, den Gott, wie er sich in Christus offenbart hat, mit den Worten einer anderen Tradition zu

5 Hans-Martin Barth: Common Prayer: Auf dem Weg zu einer Theologie des interreligiösen Gebets, in: Adelheid Herrmann-Pfandt (Hg): Moderne Religionsgeschichte im Gespräch. Interreligiös, Interkulturell, Interdisziplinär (FS Christoph Elsas), Berlin 2010, S. 142.

loben. Entscheidend ist nicht, woher die Worte kommen, sondern was sie sagen. Und noch wichtiger ist es, in welchem Geist sie gesprochen sind. Und am allerwichtigsten ist der vertrauensvolle Respekt vor der Unverfügbarkeit Gottes, dem wir zutrauen dürfen, dass seine Gnade alle Ausgestaltungen der religiösen Traditionen letztlich übersteigt.

Dr. Reinhold Bernhardt ist Professor für Systematische Theologie an der Universität Basel.

Eine islamische Sicht *(Selçuk Doğruer)*

Die Antwort auf die Frage, ob ich *meinen* Gott oder *den* Gott anbete, bietet die Grundlage für die Frage, ob man überhaupt gemeinsam beten kann. Um diese Frage zu beantworten, muss man Grundlegendes über den ontologischen Standpunkt (Was ist Wirklichkeit?) und die Epistemologie des Gläubigen erfahren (Wie kann ich die Wahrheit meines Glaubens erkennen?) und somit den Bezug zur Transzendenz bestimmen (Wie entsteht eine Gottesbeziehung?).

Die Ermöglichung der Gotteserkenntnis

Der Mensch ist das edelste Geschöpf Gottes. Da Gott die ganze Schöpfung umfasst, kann der Mensch als Teil dieser Schöpfung Gott erkennen und eine Beziehung zu Gott entwickeln. Der Glaube ist das Streben nach Gott, nach dem Einklang mit Gott. In der Schöpfung wurde dem Menschen eine Urvernunft angelegt, worauf der Mensch sich rückbesinnen kann.

Im Wesen unterscheidet sich die abrahamitische Tradition (Abraham, Mose, Jesus, Muhammed) von den restlichen Religionen in der Welt. Aus diesem Grunde spricht der Islam im Allgemeinen von den Schriftreligionen bzw. im islamischen Sprachgebrauch von Himmelsreligionen (gemeint sind Offenbarungsreligionen). Dies ermöglicht sowohl eine religionsphänomenologische als auch eine religionstheologische Herangehensweise. Vor diesem Hintergrund spricht man also von einer gemeinsamen Urreligion, deren Ursprung aus islamischer Sicht der transzendente eine Gott ist, der alle Gesandten, die in den Schriften zu finden sind, berufen hat.

Muhammeds (Friede sei mit Ihm) Ruf galt wie der aller anderen Gesandten dem reinen Urglauben, dem theozentrischen, einzig auf Gott gerichteten Glauben, der mit dem Begriff *Hanif*[6] beschrieben wird. Es ist die natürliche *Essenz* im Menschen, eine Fähigkeit, die Gott dem Menschen im Schöpfungsakt zugrunde gelegt und eingebettet hat. Mit Hilfe dieser im Menschen zugrunde gelegten Urvernunft ist der Mensch in der Lage, Gott naturgemäß zu erkennen. So in einem Koranvers: »In der Schöpfung der Himmel und der Erde und der Verschiedenheit von Tag und Nacht liegen Zeichen für die, die sich ihres Verstandes bedienen.«[7]

Weil Gott den Menschen als erkennendes Wesen geschaffen hat, ist der Mensch imstande, sich und seinen Schöpfer zu erkennen. So in einem anderen Vers: »Sind sie denn nicht auf der Erde umhergegangen, dass sie Herzen bekommen, mit denen sie verstehen, oder Ohren, mit denen sie hören? Nicht die Blicke sind blind, blind sind die Herzen, die in der Brust sind.«[8] Diese Ereignisse und Sachverhalte basieren auf der Grundlage der *hanifischen* Erkenntnislehre: Eine Urvernunft dient als Sinngenese des Daseins, wonach das Bewusstsein zum Ich als Subjekt, zu meinem Ich in der Schöpfung (Ontologie) und die Beziehung zum transzendenten Gott seine universelle und kohärente Wahrheit erschließt. Die gesandten Bücher verstehen sich als offenbarte Bücher Gottes, die für Menschen geltende und wegweisende Lehren beinhalten. So heißt es: »Dies ist eine genügende Ermahnung für die Menschen, auf dass sie sich dadurch warnen lassen, und auf dass sie wissen mögen, dass nur Er der Einige Gott ist, und auf dass die Einsichtigen es bedenken.«[9] Oder »Die auf das Wort hören und dem Besten davon folgen. Das sind die, die Gott rechtleitet, und das sind die Einsichtigen.«[10] Und der Vers »Dies sind Gleichnisse, die Wir für die Menschen aufstellen, doch es verstehen sie nur jene, die Wissen haben.«[11]

6 Quran 3:67; 30:30; 10:105; 2:135; 4; 125; 6; 79; 16:120.
7 Quran 3:190.
8 Quran 22:46.
9 Quran 14:52.
10 Quran 39:18.
11 Quran 29:43.

Die Grenze der Gotteserkenntnis

Die Wahrheit über Gott kann nur in Beziehung zu Gott aufleuchten, sie ist relational. Weil der Mensch selbst Teil dieser Beziehung ist, kann es sich bei dem Kennen Gottes nie um die absolute Wahrheit handeln, sie ist höchstens eine Teilwahrheit (partiell und partikular). Wir können Gott nur teilweise erkennen.

Der Glaube ist eine auf Gott ausgerichtete Form von Transzendierung aller Immanenz, von allem, was innerweltlich möglich ist, eine Haltung anhaltender Transzendierung aller Religiosität und Erkenntnis. In der islamischen Mystik bedeutet dies die Auflösung in Gott und wird mit dem Begriff *Fenâ fi-llâh* beschrieben, das Eins-Sein mit Gott, dem Aufgehen und Sich-Loswerden in Gott. Durch die Identifikation, die im Schöpfungsakt im Menschen zugrunde gelegte natürliche Anlage, wird sich der Mensch selbst los und vollzieht eine kontemplativ schrittweise Entwicklung.

Das ist die natürliche Rückbesinnung auf die von Gott im Menschen zugrunde gelegte *essenzielle Substanz.* Der monotheistisch-abrahamitische Gottesglaube ist eine Form von religiöser Demut, eine Unterwerfung durch die Transzendierung, der Verweis aller Erkenntnisse und Erscheinungen auf Gott. Das Aufspüren dieser Urnatur und der Sinn des Daseins ist die theozentrische Idee des Islams und der Verkündung der Botschaft Gottes.

Dieser Ausgangspunkt hat große Folgen für die gesamte Struktur der Religion. Denn indem der menschliche Zugang zur Religion durch die ständige Konzentration und die theozentrische Transzendierung auf Gott als potenziell fehlbar und relational bestimmt wird, werden alle irdischen Erkenntnisse, Gebete, Beobachtungen und Erscheinungen, kognitive wie emotionale Wahrnehmungen auf Gott transzendiert. Unser abstraktes Denken ist ein Abbild unserer irdischen Eindrücke. Der Koran, die übrigen himmlischen Bücher und die Gesandten vermitteln nicht nur die Lehren der Gotteslehre, sondern definieren darüber hinaus das *Sprachspiel*[12] der Erkenntnislehre und der Gotteslehre.

Der Gläubige kann in allen Stadien der Lehre höchstens das vorletzte Stadium der Absolutheit erlangen. Gottes Wissen, als Wissen

12 Vgl. zur Semiotik: Ludwig Wittgenstein, Über Gewissheit, Frankfurt 1984.

des Schöpfers, ist absolut. Das Wissen der geschaffenen Menschen und der gesamten Schöpfung ist nur »partikular« und partiell. So muss man zwischen »der Religion« als solcher und dem religiösen Wissen unterscheiden. Ersteres ist theozentrisch und Letzteres anthropozentrisch, folglich ein menschlicher und irdischer Zugang und *Reflexion der Religion.*

Die Klassifikation vom partikularen und absoluten Wissen trennt kategorisch zwischen dem allwissenden Gott und dem teilwissenden Menschen. Diese Disposition relativiert das kognitive Erkennen eines jeden einzelnen Menschen fortwährend und ermöglicht dadurch, dass im Prinzip jede/r eine andere Wahrheit erkennen kann. Islamisch ist entscheidend, dass der absolute Wahrheitsanspruch durch die Erkenntnis, gemäß der Transzendierungslehre, immer relational bleiben muss. Während der Muslim sich kontinuierlich transzendiert – auf Gott ausrichtet –, weiß er darum, dass die Absolutheit ausschließlich Gott zusteht. Gottes Absolutheit ist für den Menschen in keinem Fall verfügbar. So sagt der muslimische Mystiker Hallāj: »Wer Ihn kennt, beschreibt Ihn nicht, wer Ihn beschreibt, kennt Ihn nicht.« So wird dem Regress[13] der rationalen Erkenntnis und der religiösen Lehre mit dieser *essenziellen Einsicht* durch die Offenbarung eine letztgültige Grundlage gegeben. Dem menschlichen Vorstellungsvermögen bleibt Gott in seiner Absolutheit verschlossen und der Anthropomorphismus *(taschbīh)* ist damit untersagt: Gott bleibt göttlich!

Das Gebet als Haltung

Das Gebet ist eine mentale Haltung. Es ist das Bewusstsein um die Gegenwart Gottes. Das Gebet ist die gute Absicht und der Wille, sich Gott zu öffnen. Dies ist nicht nur eine bestimmte Form zu einer bestimmten Zeit, sondern auch die Kontemplation, die Askese und die Meditation. Im Gebet kommt es auf die Demut an: das Bewusstsein um die Gegenwart Gottes.

Das Gebet steht in einem umfassenden Sinne für die Haltung, als ein Vehikel und Zeichen für Höheres und nicht als Selbstzweck. Die

13 Philosophisch: Das Rückschreiten des Denkens vom Bedingten auf die Bedingung, von der Wirkung auf die Ursache und vom Besonderen zum Allgemeinen.

Gewissheit um die Präsenz Gottes versteht sich als ein bedeutsames Merkmal eines jeden Gebets. Einzig der Mensch verfügt über die Fähigkeit, mittels seiner Vernunft einen solchen bewussten Willensakt in der kommunikativen Zuwendung (Beziehung) zu Gott zu entwickeln. Der Mensch ist auf diesen Akt angewiesen, um das Irdische zu durchdringen. Neben den zeitlich festgelegten rituellen Gebeten kennzeichnet das Bewusstsein um die Gegenwart Gottes im Herzen des Gläubigen das ideale gottergebene Menschenbild. *Ihsan* ist der Zustand des Bewusstseins um die Präsenz Gottes.[14] Der Gläubige kann sich durch diesen Habitus – neben den konkreten Gebetsformen die einzunehmen und zu zelebrieren sind – stets im Gebet befinden. Das Gebet ist eine mentale Haltung. Es ist ein Zeichen der Demut, ein Geständnis der Begrenztheit und ein Zeugnis der Unterwerfung vor Gott. Das Gebet ist ein Gelübde, welches nur in seiner Kontinuität seine kreative Kraft und seine transzendente Wirkung enthüllt und sich in kontemplativer Haltung durch ästhetische Bewusstseinserweiterung mit Achtung und Harmonie kennzeichnet. Mit dem Vers »Wir haben doch den Menschen erschaffen und wissen, was ihm seine Seele einflüstert. Und Wir sind ihm näher als die Halsschlagader.«[15] wird die potenzielle Harmonie mit Gott im Menschen ausgedrückt. Primär zählt in allen Handlungen die reine Absicht. Denn sie ist das entscheidende Merkmal für die Relevanz der Handlungen bei Gott. In fortwährender Standhaftigkeit, beständigem Bewusstsein und dauernder Demut substanziiert und ästhetisiert ein jeder Gläubige das Ereignis Leben. Wie es im folgenden Vers heißt, »Und sucht Hilfe in der Geduld und im Gebet. Und das ist ja schwer, außer für die Demütigen.«[16] Der Gesandte Noah ruft zu seinem Herrn: »O mein Herr, ich suche Zuflucht bei Dir davor, dass ich Dich um etwas bitte, wovon ich kein Wissen habe. Wenn Du mir nicht vergibst und dich meiner nicht erbarmst, werde ich zu den Verlierern gehören.«[17] In Noah, so wie bei allen anderen Gesandten, wird etwas Besonderes der himmlischen Offenbarungsreligion sichtbar: die Gewissheit der Ungewissheit,

14 Hadīth Buchārī 2/36.
15 Quran 50:16.
16 Quran 2:45.
17 Quran 11:47.

die Ungewissheit um das Verlangen nach Dingen und das Ersehnen von etwas, das Gebet für das übersinnliche, ästhetische, transzendente und himmlische, die Ungewissheit über die Gnade Gottes. Die Transzendierung in einem Willenshabitus heißt: Gott kann nicht mit dem menschlichen Imaginationsvermögen gefasst werden, seine Allmacht übersteigt irdische Vorstellungen. Die Gewissheit der Anschauung von und vor dem Unvorstellbaren, der nicht personifiziert und nicht vergegenwärtigt werden kann, ist dabei die sinnstiftende und wesentliche Haltung eines jeden demütigen Gläubigen. Der Schöpfer hat in seiner Allmacht Kenntnis über die Absichten des Menschen, seiner Haltung und Motivation. Gott schlicht göttlich zu belassen ist die entscheidende Idee. Denn nur in dieser anzustrebenden Haltung und in seiner Kontinuität ist der Mensch glücklich und lebt in Harmonie. Die Gewissheit über die immerwährende Präsenz des Allwissenden bildet die Grundlage und das kosmologische Prinzip für unser Dasein. Im folgenden Vers heißt es: »Und Er ist mit euch, wo immer ihr auch seid. Und Gott sieht wohl, was ihr tut.«[18] In Bezug auf die Substanz der rituellen Praxen wie im Beispiel der Opfergaben lautet ein Vers folgendermaßen: »Weder ihr Fleisch noch ihr Blut erreicht Gott, aber Ihn erreicht eure Frömmigkeit. So hat Er sie euch dienstbar gemacht, damit ihr Gott hochpreiset, daß Er euch rechtgeleitet hat. Und verkünde denen, die Gutes tun, frohe Botschaft.«[19] Das Äußere wie das Innere, die Gestalt als auch der Gehalt der Gebete vervollkommnen sich gegenseitig.

Das Gebet als Ritus

Das Gebet ist ein festes Ritual, wie das fünfmal tägliche Pflichtgebet, neben den freiwilligen Gebeten. Im Ritual geht es um die Niederwerfung, die selbstlose Hingabe vor Gott. In der Anschauung seiner Größe, in Ehrfurcht vor seiner Allmacht und in Bewunderung seiner großartigen Schöpfung ist das Gebet ein Ausdruck von Hingabe und Dankbarkeit.

»Mein Knecht nähert sich Mir nicht mit etwas, das Ich mehr liebe als das, was Ich Ihm zur Pflicht auferlegt habe. Mein Knecht fährt

18 Quran 57:4.

19 Quran 22:37.

Abb. 3: Das Gebet ist Zuwendung zu Gott, gemeinschaftliche Haltung und gemeinsamer Ruf.

fort, sich Mir durch zusätzliche Frömmigkeit (Gebete, Hilfen etc.) zu nähern, bis Ich ihn liebe. Und wenn Ich ihn liebe, bin Ich sein Hören, mit dem er hört, sein Sehen, mit dem er sieht, seine Hand, mit der er greift, sein Fuß, mit dem er geht.«[20] So veranschaulicht diese Überlieferung die obligatorischen Gebete und die fakultativen Gebete. Die Niederwerfung im Gebet gilt als der absolute Höhepunkt der Gebetshaltungen. Denn in keiner anderen Haltung demütigt sich der Mensch wie bei der Niederwerfung. Der affektive Hochmut unterwirft sich der spirituellen und transzendenten Demut. Aus diesem Grunde sagt der Gesandte Muhammed (Friede sei mit Ihm), dass der Mensch seinem Herrn in der Niederwerfung am nächsten ist.[21] Das Gebet ist ein Geständnis und ein Gelübde der Dienerschaft und der Glaube an die Schöpferschaft Gottes.[22] Genau diese konkrete Form der Niederwerfung ist für den Menschen nicht einfach, denn das narzisstische Ich zögert, einer höheren Autorität über dem Ich zuzustimmen. So ist dies aber auch genau die bewusste Überwindung des Egos und eine Zuwendung zum allmächtigen Gott. In einem Vers heißt es: »Diejenigen, die bei deinem Herrn sind, weigern sich nicht hochmütig, Ihm zu dienen. Sie preisen Ihn und werfen sich vor Ihm nieder.«[23]

Das Gebet zählt zu den fünf Säulen des Islam. In der Überlieferung des Gesandten: »Der Islam wurde auf fünf Säulen gebaut: das Zeugnis, dass es keine Gottheit außer Gott gibt, dass Muhammad der Gesandte Gottes ist, das Verrichten des Gebets, das Entrichten der Pflichtabgaben, die Pilgerfahrt und das Fasten im Monat Ramadan.«[24] Das rituelle Gebet (Salāt) wird fünfmal am Tag verrichtet: bei der Morgendämmerung, mittags, nachmittags, bei Sonnenuntergang und bei Einbruch der Nacht.

Im rituellen Gebet geht es neben der Niederwerfung auch um die Anschauung und Betrachtung der Schöpfung. So wie es im folgenden Vers erklärt wird: »In der Schöpfung der Himmel und der

20 Hadīth Buchārī 74/38; Musnad 4/256.

21 Hadīth Muslim 4/15.

22 Quran 23:115: »Meint ihr etwa, daß Wir euch ohne Sinn geschaffen hätten und dass ihr nicht zu Uns zurückgeführt würdet?«.

23 Quran 7:206.

24 Hadīth Buchārī 2/7.

Erde und der Verschiedenheit von Tag und Nacht liegen Zeichen für die, die sich ihres Verstandes bedienen.«[25] Es geht um das Gotteswerk, um die Anschauung in den Gotteswerken, um die Präsenz Gottes und nicht um Gottes Wesen. Die islamische Anthropologie sieht den Menschen als ein Wesen, das sich übersteigt und dadurch die Welt deutet. Eine durch die höhere und ewige Existenz zu deutende irdische vergängliche Existenz ist die zu erzielende Haltung. Diese Haltung zieht sich durch alle Kategorien im Leben. So bleibt jede Motivation jenseits einer transzendenten, eine weltliche (immanente) Motivation. Seine majestätische Präsenz in seiner Allmacht und Barmherzigkeit ist Motiv des Geständnisses der Begrenztheit und der Unterwerfung des Menschen. Denn Er sagt: »Wenn dich meine Diener nach Mir fragen, so bin Ich nahe, und Ich erhöre den Ruf des Rufenden, wenn er Mich anruft. Sie sollen nun auf Mich hören, und sie sollen an Mich glauben, auf dass sie einen rechten Wandel zeigen.«[26] So befindet man sich in dieser kontemplativen Haltung kontinuierlich im Gebet. Das konkrete Gebet dauert bis zur Erlösung durch den allmächtigen Herrn an: »Und diene deinem Herrn, bis das sichere Los, die Gewissheit, dich ereilt.«[27] Die Gewissheit ist hierbei das irdische Ableben und die transzendente Gewissheit.

Der Begriff *Salāt* – das rituelle Gebet – bedeutet im Arabischen »das Gebet, die Lobpreisung, die Verehrung«. Das Gebet in seiner für alle Zeiten gültigen Form der Zelebrierung findet seine Praxis bereits in sehr alter Tradition und wurde von Muhammed praktiziert: »Betet, so wie ihr mich betend gesehen habt.«[28]

Die Gebete kann man in zwei Kategorien aufteilen: 1. die Pflichtgebete (obligatorisch), 2. die freiwilligen Gebete (fakultativ). Neben den gemeinschaftlich verrichteten Pflichtgebeten, wie den Gebeten fünfmal am Tag, dem Freitagsgebet, den beiden jährlichen Feiertagsgebeten (Ramadanfest und Opferfest) und dem Totengebet, gibt es zusätzliche freiwillige Gebete, die ähnlich zelebriert werden. So

25 Quran 3:190.
26 Quran 2:186.
27 Quran 15:99.
28 Hadīth Buchārī 10/28.

sind diese zusätzlichen Gebete Praxen, die vom Gesandten Muhammed gelegentlich verrichtet wurden. Hierzu zählen beispielsweise das Nachtgebet, das Vormittagsgebet (Du'ā'), das Wunschgebet bzw. Ratgebet (Istikharah) und das Reisegebet. Diese Gebete werden in der Durchführung ähnlich verrichtet. Eine Einheit enthält die körperliche Haltung des Stehens, der Niederbeugung, der Niederwerfung und des Sitzens auf den Knien. Das Pflichtgebet fünfmal am Tag stellt einen Rhythmus im Alltag der Muslime dar. Nicht Gott, sondern der Mensch hat einen Bedarf an den Gebeten. Fünfmal am Tag zieht er sich von der materiellen Welt zurück, begibt sich in die Welt der Spiritualität und begegnet Gott. Das Gebet ist ein Korrektiv für das Alltagsleben. Der Muslim hält dadurch eine Balance zwischen Körper und Geist, zwischen materiellem und immateriellem Sein. Er fördert durch dieses Gleichgewicht die Harmonie im Leben, seine Glückseligkeit und seinen Bezug zu Gott. Der Gläubige erlangt durch die Kontinuität des Gebets die Ruhe und deutet den Sinn im Chaos. Diese Gebete werden in Gemeinschaft oder individuell verrichtet. Über diese konkrete Form des Gebets hinaus, gibt es verschiedene andere Formen, die sich gleichermaßen als freiwillige Gebete und Gottesdienste verstehen – so die verschiedenen Bittgebete, die Koranrezitation, das Spenden und die Hilfsbereitschaft (»Gott steht den Frommen und Rechtschaffenen bei, die das Gute tun.«).[29] Das rituelle Gebet fünfmal am Tag gilt als die wichtigste Praxis nach dem Glaubensbekenntnis. In der Sure »Abraham« betet Abraham seinen Herrn folgendermaßen an: »Mein Herr, lass mich und die aus meiner Nachkommenschaft das Gebet verrichten, unser Herr, und nimm unser Rufen an.«[30] Ziel ist eine kontinuierliche Dankbarkeit und Standhaftigkeit. Dies ist ein Zeichen der Gottergebenheit, wie in den folgenden Versen beschrieben: »Der Mensch wird nicht überdrüssig, um das Gute zu bitten. Wenn das Böse ihn berührt, dann ist er verzweifelt und gibt die Hoffnung auf. Und wenn Wir dem Menschen Gnade erweisen, wendet er sich ab und entfernt sich beiseite. Und wenn das Böse ihn berührt, ergeht

29 Quran 16:128.
30 Quran 14:40.

er sich in ausführlichem Beten.«[31] Denn die Abwendung durch irdische Prüfungen ist als eine Schwäche des Glaubens und Vertrauens zu verstehen. So in den Versen: »Aber der Mensch, wenn sein Herr ihn prüft und großzügig behandelt und ihm ein angenehmes Leben schenkt, sagt: ›Mein Herr behandelt mich großzügig‹. Wenn Er ihn aber prüft und ihm seinen Lebensunterhalt bemessen zuteilt, sagt er: ›Mein Herr läßt mich Schmach erleiden‹.«[32]

Ist interreligiöses Gebet möglich?

Gemeinsames Beten mit Christen und Juden ist möglich, weil beide in der abrahamitischen Tradition gesehen werden. In den jeweiligen Teilwahrheiten über Gott wird derselbe Eine Gott angebetet. Beten ist für jeden Muslim zudem eine gute Tat. Der barmherzige Gott belohnt jede – auch noch so kleine – gute Tat.

Beim interreligiösen Gebet ist die jeweilige Gotteslehre entscheidend. Sie ist die Grundlage für das Gebet. In einem Koranvers wird dies thematisiert: »Sprich: O ihr Leute des Buches, kommt her zu einem zwischen uns und euch gleich angenommenen Wort: dass wir Gott allein dienen und Ihm nichts beigesellen, und dass wir nicht einander zu Herren nehmen neben Gott.«[33] Der Ruf gilt hierbei für das Gemeinsame, nämlich den Glauben an den einen Gott. Dabei nehmen die zu zitierenden Gebetstexte eine zentrale Rolle ein. Der Fokus soll bei gemeinsamen Gebeten auf das Gemeinsame und nicht auf das Trennende gerichtet werden.

Diese Form des interreligiösen Gebets betrifft nur die offenbarten Schriftreligionen. Denn das Judentum und das Christentum zählen zu der Tradition, deren Ursprung derselbe ist. Nämlich der transzendente Eine Gott und seine Offenbarungen. Ein interreligiöses Gebet wäre aus diesem Grunde mit polytheistischen Religionen sowie anderen Religionen wie dem Buddhismus nicht möglich, weil der Gottesglaube entweder nicht gegeben oder der Unterschied so groß ist, dass man nicht mehr von Monotheismus und von dem Einen Gott sprechen kann.

31 Quran 41:49, 51.

32 Quran 89:15.

33 Quran 3:64.

Der Adressat im Gebet muss der transzendente personale Gott sein. Das wichtigste Merkmal dabei ist die »Einsheit«, sprich die Einzigartigkeit und Einheit Gottes. Wie sich darüber hinaus die individuelle und subjektive Erfahrung gestaltet, ist eine persönliche Beziehung zu Gott, die kein Hindernis für das interreligiöse Gebet darstellt. Es geht dabei nicht darum, von sich etwas abzulegen, sondern das Gemeinsame hervorzuheben. Auch sollen muslimische Teilnehmer bei Begegnungen und Gebeten auf die Sensibilitäten der anderen (Buchreligionen) achten und Trennendes vermeiden. Nach den gegenwärtigen Gegebenheiten in Deutschland stellen meist trinitarische Inhalte bei Gebeten ein Problem dar. Wenn diese nicht in den Vordergrund treten, kann man grundsätzlich von Gebeten an den Einen Gott sprechen. So ist der Glaube an den Einen Gott ein elementares Postulat der Religion. Einerseits kann Gott nicht definiert werden und andererseits verstehen sich manche Glaubensinhalte als so unabdingbar und als Grundlage in der Gotteslehre wie die Einheit Gottes.

Ausgehend von diesem Anhaltspunkt haben sich in der islamischen Tradition sehr verschiedene Formen von Zugängen entfaltet. Von mystischen bis zu rationalen Interpretationen ausgehend, haben sich in der Geschichte diverse Methoden des Gebets entwickelt. Als gemeinsames Postulat diente jedoch der Glaube an den Einen Gott ohne jegliche Personifizierungen und Vergegenwärtigungen, sprich ohne Analogien zu irdischen Mustern zu ziehen. So wie es der Mystiker Hallāj einst auf den Punkt brachte: »Wer Ihn kennt, beschreibt Ihn nicht, wer Ihn beschreibt, kennt Ihn nicht.«[34] Das bedeutet, dass außer dem, was Gott von seiner Person kundgegeben hat, nämlich seine »Einsheit« und seine Attribute, alles auf menschliche Interpretationen zurückzuführen ist und Gott nicht darüber hinaus definiert werden kann.

So wie es in allen Handlungen der Fall ist, ist auch beim Gebet der Wille die entscheidende Intention für die Bedeutung und Geltung der Gebete. So heißt es in einer Überlieferung des Gesandten Muhammed: »Die Taten sind entsprechend den Absichten, und jedem Menschen gebührt das, was er beabsichtigt hat. Wer also seine

34 Abū l-Muġīṯ al-Ḥusain ibn Manṣūr al-Ḥallāğ; geb. August 857 in aṭ -Ṭūr.

Auswanderung um Gottes und Seines Gesandten willen unternahm, war dessen Auswanderung für Gott und Seinen Gesandten, und wer seine Auswanderung um der Welt willen unternahm, sie zu erlangen, oder wegen einer Frau, sie zu heiraten, dessen Auswanderung war für das, dessentwegen er auswanderte.«[35]

Beim Gebet kann es sich nicht um eine Vereinnahmung von Gott handeln. Gott ist nicht in die Hände der Menschen gegeben. Im Gegenteil gilt dieser Akt als ein Zeichen der Hochmut.

Einzelne Handlungen können solch große Wirkungen haben, dass eine konkrete gute Handlung das Leben fundamental, gar für die Ewigkeit verändern kann. So verdeutlicht ein Beispiel aus der Zeit des Gesandten Muhammed diese Idee sehr genau: »Während ein Mann unterwegs war, spürte er starken Durst. Er kletterte in einen Wasserbrunnen hinab und trank daraus. Als er wieder draußen war, sah er einen Hund, dessen Zunge heraushing und vor starkem Durst den Sand fraß. Der Mann sagte zu sich: ›Der Hund wurde vom starken Durst genauso befallen wie ich.‹ Er füllte dann seinen Schuh mit Wasser, hielt diesen mit seinem Mund fest, kletterte hinauf und tränkte den Hund; Damit dankte ihm Allah dafür und vergab ihm [seine Sünden].«[36]

Die Tür des Glaubens, der Buße und des Gebets ist offen für jeden Menschen. Der Gläubige erweist seine Reue durch die Erbringung von Gebeten und guten Taten. Das Gebet gilt als Zuwendung zu Gott, eine individuelle wie gemeinschaftliche Haltung, eine Lopreisung Gottes, ein persönliches Geständnis und eine Bitte um Vergebung. Durch das Gebet, Meditation (Dhikr: Gedenken Gottes, Andacht), Askese (Zuhd: Verzicht, Entsagung) und Ekstase (Cazba; Naschwa; Vecd: aus sich heraustreten, außer sich sein) verändern sich Bewusstseins- und Erfahrungszustände jedes Einzelnen individuell.

35 Hadīt Buchārī 1/1.

36 Hadīt Buchārī 42/11.

3. Was man für die Begegnung von Christen und Muslimen in der Schule wissen sollte

Welche kulturellen und konfessionellen Hintergründe haben meine muslimischen Schülerinnen und Schüler?

Wie im Christentum gibt es auch im Islam konfessionelle und kulturelle Unterschiede. Allein die beiden großen Strömungen Sunniten und Schiiten bestehen aus verschiedenen Rechtsschulen, die den Koran und die Sunna (Tradition des Propheten) unterschiedlich interpretieren. Daneben sind im Laufe der Zeit regional ausgeprägte islamische konfessionelle Gemeinschaften entstanden, wie z. B. die Aleviten, die hauptsächlich aus der Türkei kommen. Der überwiegende Teil der Muslime zählt zu den Sunniten. In Deutschland gibt es auch die Ahmadiyya-Muslime. Sie verstehen sich als islamische Reformbewegung, werden aber von vielen Sunniten und Schiiten nicht zum Islam gerechnet, weil sie in ihrem Gründer Mirza Ghulam Ahmad einen Propheten in der Nachfolge Mohammeds sehen. Neben diesen Gemeinschaften gibt es andere Ausrichtungen, wie z. B. die in Sufiorden organisierten mystischen Gruppierungen, die unter den Grundströmungen Schiiten und Sunniten eingeordnet werden.

Auch die kulturellen Unterschiede innerhalb der Konfessionen spielen, so wie in den christlichen Kirchen, eine wesentliche Rolle. Mit der Entwicklung des Islams und mit der Ausbreitung auf dem Balkan, in Asien und in Afrika vermischten sich lokale Riten und religiöse Vorstellungen mit klassischen theologischen Inhalten. Die Beschneidung von Mädchen, Zwangsehe oder Ehrenmorde gehen deutlich auf kulturelle Einflüsse zurück. Diese Handlungen werden auch in anderen Religionsgemeinschaften mit demselben kulturellen Hintergrund praktiziert. Sie werden von angesehenen islamischen Theologen als unislamisch abgelehnt.

In Deutschland spielt außerdem der Migrationshintergrund eine wesentliche Rolle. Die Mehrheit der deutschen Muslime hat einen türkischen Hintergrund. Sie unterscheiden sich von marokkanischen oder bosnischen Migranten. In der Türkei regelt ein

Religionspräsidium die religiösen Angelegenheiten. Dort müssen Muslime nicht erst Mitglieder einer Religionsgemeinschaft werden. Durch großzügige Spenden der Gläubigen werden jedoch die meisten Kosten der Gemeinde, der Wohlfahrseinrichtungen, der Waisenhäuser usw. finanziert. Moscheegemeinden in Deutschland sind als Vereine organisiert. Vereinzelt sind auch muslimische Organisationen als Religionsgemeinschaften anerkannt. Ihre Mitgliederzahl spiegelt nicht die Zahl der Muslime wider, die durch die Moscheegemeinden erreicht werden. Diese sind es aus ihren Herkunftsländern gewöhnt, an den Gebeten, an den religiösen Feiertagen und am Gemeindeleben teilzunehmen. Auch hier werden die Moscheegemeinden überwiegend von Spenden finanziert. Das türkische Religionspräsidium finanziert und entsendet zudem türkische Imame nach Deutschland, die in den Moscheegemeinden der DITIB arbeiten.

Allerdings kann man auch in der Türkei eine Säkularisierung wie in Westeuropa beobachten, die zu einer Privatisierung von Religion führt. Es gibt auch hier Menschen, die sich keinen Moscheegemeinden anschließen. Ihre Religiosität hat nur noch wenig mit der Theologie der klassischen islamischen Rechtsschulen zu tun. Hier zeigt sich ein Trend, der auch bei kirchendistanzierten Christen zu finden ist. Zudem gibt es in der Türkei atheistische und laizistische Gruppierungen, die Religion mit einer modernen Gesellschaft für unvereinbar halten.

In der Praxis bedeutet dies auch, dass muslimische Schülerinnen und Schüler ihre Frömmigkeit auf unterschiedliche Art und Weise praktizieren.

Glauben Muslime und Christen an denselben Jesus?

Wer mit seinen muslimischen Schülerinnen und Schülern über Jesus (Isa) ins Gespräch kommt, stellt schnell fest, dass auch er für sie eine wichtige Rolle spielt. Viele muslimische Menschen sprechen seinen Namen nur in Verbindung mit der Segensformel »Friede sei mit ihm« aus und bringen so ihren Respekt zum Ausdruck. Im Koran gibt es viele Verse, die von ihm erzählen. Als Prophet bringt er Gottes Wort zu den Menschen. Dabei gibt es viele Ähnlichkeiten zu dem

Jesus Christus, wie er in den Evangelien beschrieben wird, wie z. B. die Verkündigung der Geburt Jesu durch den Engel Gabriel (Cibril/Dschibril) an Maria (Meryem/Marjam).

Doch es gibt auch entscheidende Unterschiede. So kritisiert der Koran den Glauben an die Inkarnation, die Menschwerdung Gottes und die Kreuzestheologie, die Erlösungsgnade durch das Sterben Jesu am Kreuz. Diese Erlösungsgnade würde Gottes Allmacht in Frage stellen. Jesus würde zu Gott erhoben (Sure 4:155 f.; Sure 3:55 f.). Die meisten Muslime glauben, dass ein anderer Mensch statt Jesus gekreuzigt wurde. Ein weiterer entscheidender Unterschied ist, dass Christen an Jesus Christus als den Sohn Gottes glauben, der zugleich Gott und Mensch ist. Diese »Beigesellung« Gottes widerspricht aus muslimischer Sicht dem monotheistischen Gottesbild des Islams. Neben Gott kann es kein anderes göttliches Wesen geben (Sure 112:1–4).

Was denken dann Muslime über die Trinität?

Das trinitarische Gottesbild ist nicht nur für Muslime, sondern auch für viele Christen schwer zu verstehen. Wie lässt sich der Glaube an den einen Gott verbinden mit dem Bekenntnis zu Jesus Christus als dem Sohn Gottes und wie passt der Heilige Geist dazu als eine Emanation Gottes, die die Menschen mit Gott verbindet? Das frühchristliche Glaubensbekenntnis von Nizäa (325 n. Chr.) formulierte, dass Gott Vater, Sohn und Heiliger Geist ist. Jesus Christus ist wahrer Gott und wahrer Mensch. Schon in dieser Zeit konnten nicht alle Christen diesem Bekenntnis zustimmen. Manche protestierten gegen die Göttlichkeit Jesu, andere verehrten sogar Maria als Teil der »Heiligen Familie«.

In der islamischen Volksfrömmigkeit findet man die Vorstellung, dass Christen an drei Götter glauben oder dass Maria als Teil der Trinität gesehen wird. Für den Koran gilt das grundsätzliche Problem, dass Gott nicht getrennt gedacht werden kann und darf: »Sag nicht ›Drei‹; Gott ist doch ein einziger Gott.« (Sure 4:171 und 5:73). Das evangelische Bekenntnis zu dem dreieinigen Gott vereinbart den Glauben an den einen Gott mit drei Wesensformen und dem Sichtbarwerden Gottes in Jesus Christus.

Diese verschiedenen Vorstellungen haben Jahrhunderte lang die Polemik beherrscht. Christen und Muslime können heute Gemeinsamkeiten entdecken, wenn sie im Dialog miteinander diskutieren.

Kann man Bibel und Koran vergleichen?

Auch wenn die Muslime Christen zu den Leuten der Schrift zählen, bedeutet dies nicht, dass christliches und muslimisches Schriftverständnis vergleichbar sind. Für Christen ist die Bibel Trägerin der Botschaft vom Heilshandeln Gottes in Jesus Christus. Sie ist eine aus menschlichen Zeugnissen bestehende Sammlung historischer Schriften, die der Interpretationshilfe des Heiligen Geistes bedarf. Im Koran gibt es Bezüge auf einzelne Personen und Geschichten aus der hebräischen Bibel und den Evangelien, die in zum Teil veränderter Form wiedergegeben werden. Eine besonders herausragende Person ist dabei Abraham (Ibrahim). Auf ihn und seinen Sohn Ismael (Ismail) wird eines der wichtigsten islamischen Feste, das Opferfest, zurückgeführt. Auch Adam (Adem), Noah (Nuh), Moses (Musa), Hiob (Ajjub), Jona (Yunus), einige andere alttestamentliche Propheten und Maria sind Muslimen vertraut. Dabei finden sich zwischen islamischen, christlichen wie jüdischen Erzählungen und Traditionen große Parallelen.

Der Koran ist aber nach muslimischem Verständnis nicht – wie die Bibel – Träger der Botschaft, sondern die Botschaft selbst. Die Botschaft des Korans ist ewig, sie wird als eine Urschrift von Gott geschützt. Er wurde von Gott durch den Engel Gabriel hinabgesandt. In ihm wird das Wort Gottes für Menschen greifbar. Da die Ursprache des Korans Arabisch ist und jede Übersetzung eine Bedeutungsverschiebung mit sich bringt, ist der Koran nicht wortwörtlich zu übersetzen. Jeder Versuch, den Koran zu übersetzen, kann nicht mehr als eine Interpretation sein. Das fünfmal tägliche Gebet ist auf Arabisch. Darum lernen Muslime schon als Kind den Koran auf Arabisch zu rezitieren. In vielen Moscheegemeinden gibt es Koranunterricht. Das Auswendiglernen und Lesen des Korans ist ein Gottesdienst.

Der Ausdruck der Verehrung gegenüber dem Wort Gottes drückt sich im emotionalen Umgang mit dem Wort selbst aus. In der Kunst der Kalligrafie wird diesem auf ästhetische Weise Ausdruck verliehen. Wo in christlichen Kirchen und auf Altären Bilder zu sehen sind, findet man in Moscheen kalligrafische Zeichnungen einzelner Wörter oder Koranverse. Das Rezitieren des Korans klingt wie Musik für muslimische Ohren. Koranrezitatoren gelten als Künstler und gläubige Muslime lauschen ihnen mit Begeisterung.

Für den Umgang mit dem Koran in der Schule bedeutet dies, dass zwischen dem arabischen Koran und seiner deutschen »Übersetzung« bzw. seinem Kommentar unterschieden wird. Letztere kann ohne Probleme auch von nichtmuslimischen Schülerinnen und Schülern im Unterricht benutzt werden, was auch Praxis unter den Muslimen ist. Was den arabischen Koran betrifft, so ist ein noch achtsamerer Umgang notwendig. Im Unterricht, bei Feiern in der Klasse oder mit Schülergruppen sollten Lehrerinnen und Lehrer sich deshalb aus Respekt vor dem Glauben ihrer muslimischen Schülerinnen und Schüler zuerst erkundigen, bevor sie den Koran benutzen. In öffentlichen Schulfeiern sollte der Umgang mit dem Koran muslimischen Teilnehmern übertragen werden, um so auf die religiösen Gefühle aller Rücksicht zu nehmen.

Abb. 4: Bibel und Koran. Für Christen ist die Bibel Trägerin der Botschaft vom Gottes Zuwendung zu den Menschen in Jesus Christus. Der Koran ist nach islamischem Verständnis die Botschaft selbst.

Was denken Muslime über das Christentum?

Als jüngste der drei Religionen musste sich der Islam von Anfang an mit Judentum und Christentum auseinandersetzen. Es gibt viele islamische Quellen, die von Begegnungen Mohammeds mit Juden und Christen berichten.

Mohammed wird als letztes Glied der Gesandten gesehen. Die Botschaft ist dieselbe Botschaft wie die der früheren Gesandten: Abraham, Mose, Jesus. Aufgrund dieser gemeinsamen Tradition verstand sich die junge islamische Gemeinschaft als die Rückbesinnung auf die ursprüngliche Religion und sah dabei die jüdische und christliche Tradition als Glieder in der Offenbarungskette. Sie sahen den Koran als letzte Offenbarungsschrift in dieser Tradition und kritisierten die Fehlinterpretationen der jüdischen und christlichen Gemeinschaften. Bis heute ist diese Position für die Muslime gültig.

Wegen der besonderen inhaltlichen Nähe nehmen Christen und Juden in der Beziehung zu Muslimen eine ganz besondere Stellung ein. Sie sind im Gegensatz zu Atheisten oder Polytheisten keine Ungläubigen, sondern »Leute der Schrift«. Im islamischen Herrschaftsgebiet hatten Juden und Christen einen besonderen Status, der es ihnen erlaubte ihre Religion auszuüben. Im Vergleich mit dem Ausschließlichkeitsanspruch des mittelalterlichen Christentums gegenüber dem Judentum war dies z. B. eine vergleichsweise moderne und tolerante Form des Zusammenlebens in einer multireligiösen Gesellschaft unter einer islamischen Regierung. Heute sind Muslime, Christen und Juden gemeinsam auf der Suche nach Konzepten, die jedem Gläubigen die freie Religionsausübung garantieren und ein respektvolles Zusammenleben aller Menschen unter Achtung der religiösen Verschiedenheit ermöglichen.

Ist ein Imam ein muslimischer Pfarrer?

Der Islam kennt weder einen Klerus noch eine geistliche Hierarchie. Ein Imam ist kein »islamischer Pfarrer«. Jeder Muslim und jede Muslima steht allein vor Gott. Der Begriff Imam hat zwei Bedeutungen: Zum einen ist damit der Vorbeter gemeint, zum anderen ist er eine geistige Autorität. Der Imam als Vorbeter hat die Aufgabe, die Gemeinschaftsgebete zu leiten. Es gilt bei der Zusammenkunft von drei Personen, dass der Meist-Wissende die anderen im Gebet leitet. Bei drei oder mehr Frauen kann auch eine Frau die Gebete untereinander leiten. Heutzutage sind Imame in Moscheegemeinden meistens hauptamtlich tätig. Sie leiten nicht nur das Gebet, sondern erteilen als Theologen und Rechtsgelehrte muslimischen Menschen religiöse Ratschläge für konkrete Lebenssituationen. Sie sind Kenner des Korans und der Sunna (Tradition des Propheten), eine Kompetenz, die durch jahrelanges Studium erworben wird. Dies ermöglicht es ihnen, muslimischen Gläubigen, die keine theologische Vorbildung haben, die komplexen islamischen Glaubensregeln zur religiösen Praxis zu erklären. Vergleichbare Funktionen wie die Gemeindeleitung des Pfarrers hat ein Imam jedoch nicht. Ein Grund dafür ist, dass sich die Organisationsstruktur in islamischen Ländern stark von der christlicher Kirchengemeinden unterscheidet. Muslimische Gläubige fühlen sich zwar meistens zu einer bestimmten Moschee zugehörig, sie müssen jedoch keine formale Mitgliedschaft beantragen oder für ihre Zugehörigkeit zur Moscheegemeinde eine Steuer bezahlen. In den meisten islamischen Ländern sorgen der Staat oder wohltätige Stiftungen für die Erhaltung der Moschee und die Bezahlung eines Imams. In einigen Gemeinden in Deutschland, welche großen Verbänden angehören (z. B. DITIB), werden die Imame von der Religionsbehörde des Heimatlandes entsendet und bezahlt. Ähnliches gilt auch für einige marokkanische Gemeinden. In säkularen Staatssystemen wie Deutschland etablieren Muslime auch lokale Organisationsformen, um den Imam zu finanzieren und auszubilden. Ein Beispiel ist der VIKZ – der Verband der Islamischen Kulturzentren.

Haben Christen und Muslime die gleichen Gebetsformen?

Wie Christen wenden sich also auch Muslime in ihren Gebeten Gott zu (vgl. Kapitel 2). Er allein ist das Ziel ihrer Gebete. Im Gebet mit ihm erleben sie seine Nähe (Sure 2:186). Dies erklärt die Gemeinsamkeiten zwischen christlichen und muslimischen Gebeten. Ihre

Gebete sind Gotteslob, Dank und Fürbitte. Sie drücken darin Freude und Betroffenheit aus. Das islamische Gebet ist sowohl ein gemeinschaftliches als auch ein individuelles Gebet. Die gemeinsame Gebetsrichtung, die festgelegten auf Arabisch rezitierten Koranverse, die Gebetshaltungen, -bewegungen und -gesten verbinden Muslime weltweit. Zugleich aber ist das islamische Gebet ein individuelles Gebet. Zwischen dem einzelnen Gläubigen und Gott gibt es keinen Mittler. Weder Imame, noch Heilige oder Propheten können diese Rolle übernehmen. Jeder tritt allein vor Gott, stellt sich in seine Präsenz und begegnet Gott individuell.

Ähnlich wie im Christentum gibt es auch im Islam eine Fülle unterschiedlicher Gebetsformen. Sie reichen vom fest formulierten »Tagzeitengebet« über die Koranrezitation und das frei formulierte Gebet bis hin zu Formen der Meditation. Der Koran spricht von der Gebetspflicht (Salat, Sure 4:103; 2:110; 14:31) und meint damit u.a. die täglichen Gebete, die gläubige Muslime fünfmal am Tag verrichten. Die Gebetszeiten orientieren sich am Stand der Sonne. Muslime bemühen sich, ihr Gebet in der Gemeinschaft der Gläubigen zu verrichten. Wenn das nicht möglich ist, z.B. während der Arbeit und in der Schule, werden die Gebete individuell verrichtet. Auf der Reise können Gebete auch zusammengelegt werden – so das Mittagsgebet mit dem Nachmittagsgebet und das Abendgebet mit dem Nachtgebet. Dem Pflichtgebet geht eine rituelle Waschung voraus. Eine wichtige Voraussetzung ist außerdem, dass das Gebet auf sauberem Boden stattfindet. Dies ist ein Grund, weshalb Muslime ihr Gebet auf Teppichen oder anderen Gegenständen wie manchmal sogar auf Zeitungen verrichten. Die Betenden wenden sich in Richtung Mekka und rezitieren die Koranverse auf Arabisch.

Neben dem täglich stattfindenden Pflichtgebet gibt es auch das dem Sonntagsgottesdienst vergleichbare Freitagsgebet, das sowohl eine arabische Liturgie, Koranrezitationen als auch eine Predigt in einer der Gemeinde verständlichen Sprache enthält. Auch zu den zwei großen Jahresfesten, dem Zuckerfest und dem Opferfest, gibt es besondere Gemeinschaftsgebete. Dasselbe gilt für die Beerdigung. Bei Festen, die wichtige Lebensabschnitte begleiten, wie der Beschneidung, dem Namensfest und der Hochzeit, werden Bittgebete gesprochen.

Feiern Muslime ihre Gottesdienste und Feste wie Christen?

Die islamischen Jahresfeste richten sich nach dem Mondjahr. Auf diese Weise wandern die Monate des islamischen Kalenders durch das ganze Jahr, sodass sich die verschiedenen Jahresfeste jedes Jahr um zehn oder elf Tage verschieben. Zu den wichtigsten Festen gehören der Fastenmonat Ramadan mit dem anschließenden Ramadanfest und das Opferfest. Ein besonders für schiitische Muslime wichtiges Fest ist das Ashura-Fest. In einigen islamischen Ländern wird außerdem der Geburtstag des Propheten Mohammed und dessen Himmelfahrt gefeiert.

Ramadan

Der Fastenmonat Ramadan ist eine für Muslime wichtige Zeit, die der inneren Einkehr und der Pflege der religiösen Gemeinschaft gewidmet ist. Dabei fasten Muslime von der Morgendämmerung bis zum Sonnenuntergang und nehmen in dieser Zeit keine Speisen und Getränke zu sich. Sie rauchen auch nicht. Nach Sonnenuntergang wird das Fasten traditionell durch das Essen einer Dattel, das Trinken eines Glases Wasser und das Sprechen eines Gebets unterbrochen. Zum Fastenbrechen (Iftar) während des Monats Ramadan laden Muslime sich gern gegenseitig ein. In vielen Moscheen wird in dieser Zeit das Fasten gemeinsam gebrochen. Es finden Iftarfeste statt, zu denen auch nichtmuslimische Gäste wie Nachbarn und Freunde eingeladen werden. Fremde werden herzlich willkommen geheißen. Im Ramadan steht die Tür jedem offen. In einigen islamischen Ländern finden öffentliche Armenspeisungen und Straßenfeste statt, was auch in Deutschland mehr und mehr zu sehen ist. Muslime versenden sich gegenseitig Glückwünsche. In den letzten Jahren sind auch viele Kirchengemeinden und kirchliche Vertreter dazu übergegangen, Ramadangrüße an ihre muslimischen Nachbarn zu verschicken.

Im Mittelpunkt des Ramadans steht der Koran, dessen Herabsendung am Ende des Monats mit einem dreitägigen Fest gefeiert wird. Um sich auf dieses besondere Ereignis vorzubereiten, konzentrieren die Muslime sich während des Fastenmonats ganz auf ihren Glauben und auf die Botschaft des Korans. Aus diesem Grund ist der Monat Ramadan eine Zeit des Friedens, der Versöhnung und der Schlichtung von Konflikten. Gläubige Muslime bemühen sich darum, den Koran während dieses Monats einmal ganz durchzulesen. Höhepunkt des Ramadan ist die Nacht der Bestimmung (Leilat al Qadr) kurz vor dem Ramadanfest. In dieser Nacht gedenken Muslime der Herabkunft des Gotteswortes, der ersten Offenbarung des Korans an Mohammed. Diese Nacht der Bestimmung ist vergleichbar mit dem Heiligen Abend im Christentum. So wie Gottes Sohn zu den Menschen auf die Erde kommt, kommt für Muslime Gottes Wort auf die Erde. Das Ramadanfest wird auch Fest des Fastenbrechens genannt, weil damit der Fastenmonat beendet wird. In manchen Ländern heißt es Zuckerfest, weil die Kinder Süßigkeiten geschenkt bekommen. Dabei löst sich das Fest von seiner religiösen Bedeutung und nimmt eine säkulare Form an (vgl. Weihnachten in christlichen Ländern). Muslime sprechen vom Ramadanfest.

Opferfest und Pilgerfahrt

Ein weiteres wichtiges Fest ist das vier Tage dauernde Opferfest. Es erinnert daran, wie Abraham einst seinen Sohn opfern sollte und dann davor bewahrt wurde. Die Geschichte ist Christen und Juden aus der Bibel bekannt, nur dass nach muslimischem Verständnis nicht Isaak, sondern sein Bruder Ismael geopfert werden sollte. Muslime denken an diesem Tag an den Gehorsam Abrahams und die Rettung Ismaels, als Gott ein Schaf als Opfertier sandte. Das bedeutet für sie, dass der Mensch sich selbst Gott zuwendet und sich von seiner weltlichen, materiellen Existenz abwendet, man könnte sagen »sich opfert«. Sie schächten ein Schaf (muslimisches Schlachten), dessen Fleisch anschließend aufgeteilt wird. Ein Drittel wird den Armen gespendet, ein Drittel bekommen Bekannte und Freunde und das letzte Drittel steht der Familie zu. Viele Muslime spenden den Betrag des Opfertieres, damit arme Menschen Fleisch zu essen bekommen. Für Muslime ist das Opferfest mit der Pilgerfahrt nach Mekka (Hadsch) verbunden, einer der fünf Säulen des Islams. Die Pilgerfahrt nach Mekka findet zu dieser Zeit statt. Alle Muslime, die finanziell und körperlich dazu in der Lage sind, sollen diese Pilgerfahrt einmal im Leben auf sich nehmen.

Ashura-Fest

Das Ashura-Fest ist ein Fest, das von schiitischen und sunnitischen Muslimen unterschiedlich gefeiert wird. Für schiitische Muslime ist es ein Trauerfest. Sie gedenken am Ashura-Tag der Schlacht im Jahr 680, in der der Prophetenenkel Hussein von seinen Gegenspielern getötet wurde. Es ist auch ein Tag der Reue und Buße.

Alevitische Muslime, für die die Familie Mohammeds eine besonders wichtige Rolle spielt, bereiten sich auf das Ashura-Fest sogar mit einer 12-tägigen Fastenzeit vor.

Sunniten feiern das Ashura-Fest und gedenken des Todes Husseins am gleichen Tag wie die Schiiten. Sie gedenken u. a. der Erschaffung der Erde und der Himmel, der Auswanderung Moses, der Heilung der Wunden des Gesandten Hiob und der Strandung der Arche Noahs.

Welche Lebensübergänge haben eine religiöse Bedeutung?

So wie das Christentum kennt auch der Islam Rituale zum Übergang eines Lebensabschnitts in einen anderen, z. B. bei Geburt, Beschneidung und Hochzeit. Sie sind vor allem durch die Herkunftskulturen der Menschen geprägt, weshalb ihre Form sich von Kultur zu Kultur unterscheidet.

Die Geburt eines Kindes

Ein Mensch wird als Muslima bzw. als Muslim geboren. In ihm sind alle guten Qualitäten und Fähigkeiten von Anfang an angelegt. Es liegt an den Eltern, seiner Umwelt und letztlich auch an ihm selbst, was er daraus macht und ob der Mensch zu einem guten Muslim wird. Das Fest der Namensgebung wird meist direkt nach der Geburt des Kindes gefeiert. Dem Neugeborenen wird das Glaubensbekenntnis ins Ohr geflüstert. Bei der anschließenden Namensnennung wird das Kind in der Familie und der weltweiten islamischen Gemeinschaft (Umma) begrüßt. Es ist üblich, muslimischen Eltern zum Fest der Namensnennung ihres Kindes zu gratulieren. Der Brauch, einem muslimischen Kind direkt nach der Geburt das muslimische Glaubensbekenntnis ins Ohr zu flüstern, kennzeichnet den Beginn seines irdischen Lebens. Am Ende seines Lebens soll er mit diesem Glaubensbekenntnis auf den Lippen sterben und seine Angehörigen sprechen ihm das Glaubensbekenntnis ins Ohr. Das Bekenntnis zu dem Einen Gott ist das Erste und das Letzte, was ein gläubiger Muslim hören soll.

Die Beschneidung

Die Beschneidung für Jungen wird häufig schon bei oder wenige Tage nach der Geburt vollzogen und wird von einem Beschneidungsfest begleitet. In Deutschland findet es meistens zwischen der Geburt und dem 12. Lebensjahr statt. Die auf den Gesandten Abraham zurückgeführte Beschneidung von muslimischen Jungen wird in der islamischen Theologie mit einem Spruch Mohammeds begründet. So heißt es: »Zu der natürlichen Veranlagung eines Menschen (Fitra) gehören fünf Dinge: Die Beschneidung, das Abrasieren der Schamhaare, das Abzupfen (Abrasieren) der Achselhaare und das Kurzschneiden der Finger- und Fussnägel.« (Buchari 72/19). Die Beschneidung ist aus diesem Grund ein Identitätsmerkmal für die Zugehörigkeit zum Islam. Dies gilt genauso für das jüdische Volk. Die Beschneidung eines Jungen ist für die Familie ein wichtiges Fest, das mit einer großen Feier verbunden ist. Der Junge wird wie ein kleiner Prinz eingekleidet. Nach der Beschneidung der Vorhaut, die in Deutschland von einem Arzt durchgeführt wird, findet ein großes Fest statt, zu dem viele Verwandte und Freunde eingeladen werden. Der Junge wird reich beschenkt.

Die Entfernung der Klitoris bei Mädchen darf nicht mit der Beschneidung von Jungen vermischt werden. Sie ist ein alter Brauch, der sich unabängig von der religiösen Überzeugung noch in manchen Kulturen findet. Auch wenn er in manchen dieser Länder religiös begründet wird, ist er im Islam nachdrücklich untersagt.

Die Hochzeit

Die Ehe gilt im Islam als eine Empfehlung. Zurückgeführt wird dies auf einen Spruch Mohammeds: »Wer immer unter euch die Möglichkeit hat zu heiraten, soll heiraten.« (Hadithsammlung Buchari 67/4) Aus diesem Grund ist es für muslimische Menschen wichtig zu heiraten. Die Ehe hat die Funktion, eine Kerngemeinschaft zu bilden, innerhalb derer Kinder geboren und zu guten gläubigen Menschen erzogen werden können.

Mit der Ehe sollen außerdem sexuelle Bedürfnisse kanalisiert werden, da sexuelle Beziehungen außerhalb der Ehe verboten sind. Dies hat in vielen patriarchalischen Gesellschaften zur Folge, dass Männer und Frauen außerhalb des Familienverbandes voneinander getrennt agieren und direkte Begegnungen und Berührungen vermeiden. Das gilt in vielen Kulturen auch für das Feiern von Festen. Es ist durchaus üblich, dass Männer und Frauen eine Hochzeit getrennt feiern. Junge Männer und Frauen sollen früh heiraten, damit durch die Familie eine stabile Grundlage für das Leben geschaffen wird.

Die Ehe junger Muslime wird oft durch die Eltern, Bekannte und Freunde vermittelt. Dabei ist von außen manchmal nur schwer zu erkennen, ob es sich um eine Zwangsehe oder eine arrangierte Ehe handelt. Erstere geschieht gegen den Willen der Brautleute und ist nach islamischem Rechtsverständnis nicht gültig. Der Ehevertrag tritt erst dann in Kraft, wenn beide Partner zugestimmt haben und dabei keiner zur Zustimmung gezwungen wurde. Die arrangierte Ehe dagegen ist keine Zwangsehe. Sie ist in den Kulturen üblich, in denen die Großfamilie eine wichtige Rolle spielt: Heiraten zwei Menschen, so »heiraten« auch zwei Familien. Die Partnerwahl des Einzelnen hat Konsequenzen für die ganze Familie. Deshalb wird die ganze Familie in den Prozess der Partnerwahl miteinbezogen. Dies geschieht nach festgelegten Regeln, die es den potenziellen Ehepartnern ermöglichen, die Verbindung ohne Gesichtsverlust jederzeit abzulehnen.

Sollten Lehrerinnen und Lehrer den Eindruck bekommen, dass ein muslimisches Mädchen oder ein muslimischer Junge kurz vor einer Zwangsheirat steht, ist es wichtig, das Gespräch mit den Betroffenen zu suchen und ihr oder ihm deutlich zu machen, dass sie oder er nicht zur Ehe gezwungen werden kann. Es gibt Beratungsstellen, die ein Gespräch zwischen den muslimischen Jugendlichen und ihren Eltern organisieren können oder wissen, wie im Notfall eine entsprechende Zwangsheirat vermieden werden kann. Genauso jedoch wie ein Lehrer oder eine Lehrerin nicht aus falsch verstandener Toleranz die Augen vor einer Zwangsheirat verschließen darf, sollte sie oder er sich genau erkundigen, ob es sich wirklich um eine Zwangsheirat handelt. Solange die Betroffenen weder minderjährig sind, noch zur Ehe gezwungen werden, sollte die Lehrerin oder

der Lehrer nicht eingreifen. Es ist jedoch wichtig, mit der Schülerin oder dem Schüler ein Gespräch über die Notwendigkeit einer zivilrechtlichen Trauung zu führen. In Deutschland finden immer wieder Imam-Ehen ohne vorherige zivilrechtliche Trauung statt. Nicht jede Braut und nicht jeder Bräutigam weiß, dass eine Imam-Ehe in Deutschland keine Rechtsgültigkeit hat. Sie unterliegt damit nicht dem deutschen Familien- und Scheidungsrecht. Damit ist der Schutz, den das deutsche Familienrecht durch die Eheschließung dem schwächeren Ehepartner garantiert, hinfällig.

Die Hochzeit selbst ist ursprünglich nicht mehr als die Unterzeichnung des Ehevertrages, der unter der Mitwirkung der Familien der Braut und des Bräutigams ausgehandelt wird. In diesem Ehevertrag sind die Bedingungen für das zukünftige gemeinsame Leben festgehalten. Dazu gehört auch eine Morgengabe, die der Bräutigam der Braut bezahlt und die manchmal in Form von Schmuck verschenkt wird. In Ländern, in denen es keine soziale Versorgung durch den Staat gibt, hat diese die Funktion einer ersten Unterhaltsfinanzierung im Scheidungs- oder Todesfall. Die Vertragsunterzeichnung muss in Anwesenheit von Zeugen geschehen und muss publik gemacht werden. Ein religiöser Akt und die Anwesenheit eines Imams sind für die Gültigkeit nicht zwingend erforderlich. Im Normalfall wird der Vertragsabschluss jedoch in Anwesenheit eines Imams durchgeführt. Dabei rezitiert der Imam aus dem Koran und spricht Gebete für das Brautpaar. Die Hochzeit ist das wichtigste Fest im Leben einer muslimischen Frau. Die Familien des Brautpaares geben für das Fest viel Geld aus und der Kreis der Eingeladenen ist groß.

Wie gehen Muslime mit Krankheit um?

In der islamischen Theologie gibt es mehrere Begründungen für Krankheiten. Eine ist, dass der Mensch selbst für die Krankheit verantwortlich ist, indem er etwas getan hat, was zu einer Störung seines Selbst führt. In seiner Krankheit soll er zur Besinnung auf sich selbst und auf sein Verhältnis zu Gott kommen. Dies führt mit zu seiner Heilung von der Krankheit und zu seinem Heil. Eine andere Erklärung ist, dass die Krankheit als von Gott gewollte Prüfung, eine Chance ist, sich Gott zu nähern. Auch in der mystischen Tradition wird die Krankheit als Chance gesehen. Die Geduld des Kranken ist eine Gesinnung, die als Gebet gilt. Der Mystiker begreift seine Krankheit als einen Zustand der Schwäche und Begrenztheit, der ihn dazu veranlasst seine Zuflucht bei Gott zu suchen.

Die Krankheit wird in allen Fällen als positiv verstanden, gibt sie dem Kranken doch die Möglichkeit zur Selbst- und Gotteserkenntnis. Wenn ein Mensch leidet, kann er den Sinn oft nicht verstehen. Der Muslim glaubt aber, dass die Krankheit in einem von Gott gewollten kausalen Sinnzusammenhang steht, den er nicht ganz erfassen kann. So kann er das Leiden annehmen.

Neben diesen Deutungen gibt es auch andere populäre Erklärungen und Bräuche. So besteht in manchen muslimischen Kulturen die Vorstellung, dass Krankheit auch durch einen bösen Geist (Dschinn) oder einen bösen Zauber verursacht werden kann. Um diesen zu bekämpfen, rezitieren Familienmitglieder und Freunde des Kranken manchmal bestimmte Koranverse oder sprechen Gebete. Ein Schutzsymbol gegen den bösen Blick ist auch das Auge (manchmal auch »blaues Auge« oder »Auge der Fatima« genannt), das als Schmuck getragen, im Auto mitgeführt oder zu Hause an die Wand gehängt wird.

Im Islam hat die medizinische Wissenschaft und Forschung immer eine wichtige Rolle gespielt. Theologisch begründet wird dies unter anderem auch mit einem Spruch Mohammeds: »Gott hat keine Krankheit herabgesandt, ohne für sie zugleich ein Heilmittel erschaffen zu haben.« (Hadith, Buchari 76/1). Muslimische Mediziner hatten keine Schwierigkeiten, wissenschaftliche Erkenntnisse antiker Naturwissenschaftler und Philosophen zu übernehmen, und unter den bekannten Ärzten des osmanischen Reiches findet man nicht nur Muslime, sondern auch viele Juden und Andere. Es spielt im Islam keine Rolle, welchem Glauben die Ärzte angehören. Viele Erkenntnisse muslimischer Wissenschaftler flossen in die moderne medizinische Grundlagenforschung ein.

Bei der Versorgung der Kranken spielt die Familie eine zentrale Rolle. Die ganze Familie, auch die Kinder, gehen mit ins Krankenhaus. Sie haben die Aufgabe, den kranken Menschen geistlich zu betreuen und zu begleiten. Auch der Imam unterstützt die Familie in dieser Begleitung. (Für seelsorgerische Betreuung: siehe Kapitel 4)

Wie verläuft eine islamische Beerdigung?

Die Riten im Zusammenhang von Tod und Trauer sind stark in den kulturellen Traditionen und Bräuchen verankert. So gibt es Kulturen, in denen die laute Klage dazugehört (im Iran beispielsweise sogar durch besondere Klageweiber), während sie an anderen Orten als ungehörig gilt. Es gibt in muslimischen Kulturen den Brauch, dass Gutes über den Verstorbenen erzählt und gut vom Tod gesprochen wird. So können auch die nächsten Angehörigen den Tod akzeptieren. An manchen Orten ist es üblich, nach der Beileidsbekundung Kleidungstücke des Verstorbenen zu verschenken.

Für alle Muslime gilt aber, dass man über den Verlust eines Toten weinen darf, man jedoch nicht die Seelenruhe des Toten stören sollte, solange der Leichnam anwesend ist. Schreien und Gott Anklagen ist aus religiösen Gründen verboten, weil Muslime das als Kritik an Gott verstehen. Auch gilt für alle, dass nichts Böses über Verstorbene gesagt werden sollte.

Gemäß dem Koran gilt der Engel Azra'il als Todesengel. Er bringt den Verstorbenen zu Gott (Sure 32:11).

Die Beerdigung vollzieht sich in drei Schritten:

1. *Die rituelle Waschung:*
   Sie ist verbunden mit Koranversen und Bittgebeten. Der Verstorbene liegt auf einer Liege und wird von einem Glaubensbruder oder einer Glaubensschwester gleichen Geschlechts gewaschen und in weiße Tücher eingehüllt. Die Waschung wird als religiöse Handlung verstanden. Die Anwesenheit von Fremden ist hier oftmals nicht erwünscht. Nach der Waschung wird der Verstorbene in die Moschee oder zum Gebetsort auf dem islamischen Friedhof gebracht.
2. *Das Totengebet:*
   Das Totengebet ist eine Pflicht der religiösen Gemeinschaft. Die Bahre, meistens aus Stein, auf der der Tote auf dem Rücken liegt, ist mit der rechten Körperseite des Leichnams in Richtung Mekka ausgerichtet. Ein wichtiges Element der Trauerfeier ist die Vergebung. Dabei werden dem Verstorbenen Fehler, zwischenmenschliche Konflikte und Verletzungen vergeben. So fragt der Imam

die Anwesenden, wie sie den Verstorbenen in Erinnerung haben, ob sie mit ihm zufrieden sind und ihm vergeben. Die Zeremonie entlastet den Verstorbenen. Christen nehmen in der Regel am Totengebet nicht teil, können aber nach Absprache dabei sein.

3. *Die Beerdigung auf dem Friedhof:*
   Sie sollte so bald wie möglich durchgeführt werden. Der Verstorbene wird in einem Sarg zum Grab getragen. Es gilt vor allem für Männer als ein Ehrbeweis für den Verstorbenen, diesen tragen zu dürfen, weshalb sich viele daran beteiligen. Er wird aus dem Sarg herausgenommen und mit dem Rücken auf der Erde wieder mit der rechten Körperseite in Richtung Mekka in das Grab gelegt. Das Gesicht liegt nach oben und wird meistens mit Holzbrettern geschützt. Das Grab wird nach einem letzten Bittgebet gemeinsam zugeschaufelt. In vielen islamischen Kulturen gehört dies oft zu den Aufgaben der Männer. Abhängig von dem Wunsch der Familie, können auch Christen an der Beerdigung teilnehmen.

Die Beerdigung nach islamischen Regeln ist in Deutschland immer noch mit Schwierigkeiten verbunden. So galt bis vor kurzem noch die Sargpflicht. Inzwischen nimmt jedoch die Zahl der Länder und Kommunen zu, in denen in Tüchern ohne Sarg beerdigt werden kann. Nach islamischer Tradition gewährt man den Toten in ihren Gräbern ewige Ruhe. Im Gegensatz zur Praxis auf deutschen Friedhöfen werden Gräber nicht nach einer bestimmten Zeit aufgelöst. Gräber können aber mehrfach benutzt werden, wenn man die Gebeine nicht entfernt. Feuerbestattung ist für muslimische Menschen nicht erlaubt.

Bei der Beerdigung können alle anwesend sein, Beileidsbekundungen sind nachdrücklich erwünscht, was aber mit den Angehörigen abgesprochen werden sollte.

Anschließend ist die Wohnung meist drei Tage ein »Trauerhaus«. In der danach folgenden, 40 Tage andauernden Trauerzeit tragen die nahen Angehörigen gedeckte Kleidung und meiden Feste und Musik. Schwarz gilt auch bei den Muslimen als Farbe der Trauer. Blumen sind nicht üblich, stattdessen bringt man oft etwas zu Essen mit. In vielen Kulturen erhalten die Trauernden während dieser Zeit viele Besuche. Verwandte und Freunde kommen, um den Trauernden beizustehen, dies gilt auch für nicht-muslimische Freunde und Bekannte. Nach vierzig Tagen wird die Trauerzeit mit einem großen gemeinsamen Essen und einem Besuch am Grab des Verstorbenen beendet.

Warum überführen viele Muslime ihre Verstorbenen in die ursprüngliche Heimat?

Die verschiedenen Riten, die mit der Verabschiedung und Beerdigung eines Verstorbenen verbunden sind, werden in den meisten Kulturen traditionell von Familienmitgliedern durchgeführt. Die erste und zweite Generation möchte in der Heimat beerdigt werden und wird deshalb ins Heimatland überführt, wo sie dann auch unter Beteiligung der dort lebenden Familienmitglieder beerdigt werden kann. Einige muslimische Verbände organisieren die Überführung der Verstorbenen in ihr Heimatland. Was für die erste und zweite Generation galt, gilt heute nicht mehr für die nachfolgende Generation. Sie sehen Deutschland immer mehr als ihre Heimat. Auch können die Kinder hier die Grabstätten ihrer Eltern besuchen. Darum finden immer mehr islamische Bestattungen in Deutschland statt. Eine Reihe von Moscheegemeinden besitzt einen Waschraum für die Verstorbenen und es werden immer mehr islamische Friedhöfe eingerichtet.

Wie ist die Beziehung zu den Eltern und die Haltung zur Erziehung?

Muslimische Eltern nehmen die Erziehung als eine zentrale Lebensaufgabe sehr ernst. Sie orientieren sich dabei an einem Spruch des Propheten, der besagt, dass Eltern ihren Kindern nichts Schöneres schenken können als eine gute Erziehung. In einem Koranvers (Sure 17:23) findet sich umgekehrt die Aufforderung an die Kinder, ihren Eltern mit Respekt und Achtung zu begegnen. Kinder und Eltern haben nach islamischem Verständnis gegenseitige Rechte. Dass diese für das Leben eines jeden gläubigen Menschen wichtig sind, zeigt sich darin, dass sie im Koran und in den Aussagen des Propheten zu finden sind (Hadith, Buchari 52/17). Hier wird deutlich, welch elementare Bedeutung das Verhältnis zu den Eltern für den Glauben und für das religiöse Leben hat. Die Familie ist nach dem islamischen Menschenbild eine Gabe Gottes und damit ein hohes Gut für den gesellschaftlichen Zusammenhang, die Wertevermittlung und das Verantwortungsbewusstsein.

Wie ist die Beziehung zu Lehrerinnen und Lehrern?

Lehrerinnen und Lehrern, Imamen und anderen Personen mit einer Vorbildfunktion wird hoher Respekt entgegengebracht. In einem Ausspruch von Mohammed steht: »Wer sich nicht der Kleinen erbarmt, den Alten nicht Achtung schenkt, zum Guten nicht auffordert und nicht das Übel verwehrt, gehört nicht zu uns.«[37] Hier wird die Achtung für alle Menschen gefordert, weil mit »Alten« nicht nur an ältere Menschen gedacht ist, sondern an alle, die weiser sind und geistige Größe haben. Lehrerinnen und Lehrer sind für Kinder und Jugendliche wichtige Bezugspersonen. Weil im Islam der Auftrag zur Bildung ein religiöses Gebot ist, gelten Lehrkräfte auch als eine geistliche Instanz, die das Kind mitprägt.

Worauf muss ich achten, wenn ich muslimische Schülerinnen und Schüler zu Hause besuche?

Lehrkräfte sollen einen Besuch ankündigen, damit die Eltern sich auf diesen vorbereiten können. Muslimische Familien schätzen es, ihre Gäste gebührend empfangen zu können. Wenn man das Haus betritt, werden die Schuhe ausgezogen. Es empfiehlt sich ein kleines Geschenk mitzubringen, wie Schokolade, Süßigkeiten (ohne Gelatine!), Blumen oder ein Buch. Alkohol und Schweinefleisch sind verboten. Generell sind Produkte mit Fleisch schwierig, weil nicht sicher ist, ob sie *halal* sind.

37 Tirmidhī, 30/15.

4. Wenn Christen und Muslime sich in der Schule begegnen

Wo findet in der Schule Begegnung statt?

Der Umgang mit Menschen eines anderen kulturellen und religiösen Hintergrundes muss in der Schule strukturiert gelehrt und gelernt werden. Darum muss es Thema des Fachunterrichts, insbesondere des Religionsunterrichts sein. In Projekttagen und -wochen kann die Begegnung mit dem Islam vertieft werden, aber auch durch Lehrausflüge, Filme, Podiumsgespräche oder Dokumentationen. Die religiösen Feiern im Schulleben sind Thema des nächsten Kapitels.

Die Denkschrift der EKD *Evangelischer Religionunterricht als Beitrag zu einer pluralitätsfähigen Schule* nennt das Verhältnis zu Muslimen und zu Konfessionslosen eine zentrale Herausforderung für den evangelischen Religionunterricht. Vor diesem Hintergund ist »Pluralitätsfähigkeit« bzw. »Differenzsensibilität« zu lernen. In ihrer Argumentation stützt sich die Denkschrift vor allem auf die Bedeutung von GG § 4: die positive Religionsfreiheit und die Möglichkeit dieses Grundrecht auch tatsächlich ausüben zu können. »Die Glaubens- und Gewissensfreiheit darf [...] keinesfalls von Mehrheitsverhältnissen oder Einstellungen in der Bevölkerung abhängig gemacht werden. Religionsfreiheit bezeichnet ein unveräußerliches Recht jedes und jeder Einzelnen.«[38] Dies heißt, dass im Staat nicht nur der Umgang mit kultureller Vielfalt gelehrt werden muss, sondern auch mit religiöser Heterogenität. Das ist nicht nur Aufgabe des Religionsunterrichts, nicht nur der Fächergruppe Religion-Ethik-Philosophie, sondern der ganzen Schulgemeinschaft. Hier nennt die Denkschrift in ihren letzten beiden Kapiteln eine Fülle von Beispielen, angefangen bei gemeinsamen Gottesdiensten und Andachten, über Tage der Orientierung und religiöse Schul-

38 Ev. Kirche in Deutschland (Hg.): Religiöse Orientierung gewinnen. Evangelischer Religionsunterricht als Beitrag zu einer pluralitätsfähigen Schule, Gütersloh 2014, S. 40.

wochen, bis zu Schüleraustausch, Sozialpraktika, Einrichtung eines Raumes der Stille, Schulseelsorge und religionsübergreifender Krisenseelsorge.[39]

Zur künftigen Organisationsform des Religionsunterrichts hält die EKD nachdrücklich am konfessionellen Religionsunterricht in ökumenischer Öffnung fest. In dieser Form kann die Aufgabe religiöser Bildung in der Pluralität am besten realisiert werden. Hier können die Schülerinnen und Schüler Gemeinsamkeiten entdecken, bestehende Unterschiede kritisch reflektieren und einen durch Toleranz und Respekt geprägten Umgang mit Menschen anderer religiöser Überzeugungen erwerben.[40] Die Dialogfähigkeit, die im Schulleben und im Unterricht vermittelt werden soll, hat Chancen und Grenzen. Ziel ist es, das Gemeinsame zu stärken und Differenzen gerecht zu werden. »Ein konstruktiver Umgang mit Pluralität kann weder in einer Gleichgültigkeit gegenüber allen Unterschieden bestehen, noch in einem Rückzug von der Pluralität dadurch, dass nur noch die eigene Wahrheit gesehen wird.«[41] Damit werden sowohl Relativismus wie Fundamentalismus abgelehnt.

Wie kann der evangelische Religionsunterricht »pluralitätsfähig« werden?

Ein evangelischer Religionsunterricht, der Schülerinnen und Schülern Kompetenzen für den Umgang mit Religion in einer pluralen Gesellschaft vermittelt, muss zweierlei Dinge bieten: Heimat und Reise. Die Heimat ist die religiöse Sozialisation der eigenen Familie und des eigenen Milieus, an das der Religionsunterricht anknüpfen muss, will er von den Schülern überhaupt emotional verstanden werden. Die Reise ist das, was die Schüler von anderen lernen. Durch die Begegnung mit anderen Religionen, Philosophien und Wertorien-

39 Religiöse Orientierung gewinnen, a.a.O., S. 116–119.

40 Religiöse Orientierung gewinnen, a.a.O., S. 95–96 und S. 64. Die Denkschrift befürwortet das in Baden-Württemberg entwickelte Modell der »Konfessionellen Kooperation« (S. 82–84) und verwirft Modelle wie LER (S. 77), »Ethik-für-alle« (S. 20) oder das Hamburger »Religionsunterricht-für-alle« (in ev. Trägerschaft) (S. 87).

41 Religiöse Orientierung gewinnen, a.a.O., S. 60.

tierungen erweitern sie ihren Horizont und werden fähig, anderes zu verstehen. Das, was sie dort wahrnehmen, muss aber irgendwo »landen«, um zum Lernergebnis zu werden und zu einer veränderten Einstellung zu führen (z. B. Toleranz). Der Unterricht muss sowohl informativ sein (informieren über das ganz Andere), als auch die Möglichkeit bieten zu normieren (Norm für das eigene Verhalten werden können). Pluralitätsfähiger Religionsunterricht muss Heimat und Reise bieten. Er muss dort anfangen, wo die Schülerinnen und Schüler sind, er muss herauslocken, lösen und in Bewegung setzen, aber auch die Chance geben, das Erfahrene wieder zu verknüpfen und zu beheimaten, um so Identität zu stiften.

In einem Schema sehen die beiden Pole für diese Pendelbewegung wie folgt aus:

Außensicht	⟷	Innensicht
Informativer Unterricht	⟷	normativer Unterricht
»Reise«	⟷	»Heimat«
Aufgeschlossenheit	⟷	Gewissheit
Du, die Anderen	⟷	Ich, meine Gruppe

Wenn der Religionsunterricht nur eine Innensicht bietet, kann er schnell zu Indoktrination werden und sogar die Isolation und die Verinselung gesellschaftlicher Gruppen fördern. Dies wäre falsch verstandener konfessiona*listischer* Religionsunterricht. Wenn der Religionsunterricht andererseits nur eine Außensicht bietet, könnten die Schülerinnen und Schüler – wie Touristen – unbeteiligt auf Distanz bleiben. Sie brauchen sich nicht zu entscheiden und müssen nichts ausprobieren. Die Äußerungen von Religion können ihnen imponieren, aber sie müssen sich nicht wirklich darauf einlassen und es muss sie nicht berühren. Sie können Religion von der Meta-Ebene aus betrachten. Immer auf der »Reise« sein, heißt Leben in Hotelzimmern ohne Heimat. Um Religion zu verstehen, muss man aber die Innen- und Außenseite kennenlernen. Religionsunterricht, der auf den Umgang mit Differenzen in einer pluralen Gesellschaft vorbereiten will, kann nicht »Lernen über Religion« (learn about religion), sondern er muss auch ein »Lernen durch Religion« (learning through religion) ermöglichen. Dies bedeutet, dass er nicht nur zur Wahrnehmungs- und Verstehensfähigkeit beitragen darf, sondern auch notwendig Gestaltungs- und Partizipationskompetenz[42] vermitteln muss.

Die Begegnung mit dem Islam ist auf diese Weise ein wichtiges Thema in einem kompetenzorientierten Religionsunterricht:

In der Grundschule können z. B. islamische Feste ein guter Anlass sein, die Gemeinsamkeiten und Unterschiede zweier Religionen und Kulturen kennenzulernen und zu erproben.

In der Sek I kann ausgehend von konkreten Anforderungssituationen das religiöse Leben von Muslimen entdeckt werden. Z. B.: Warum kommt Aisha nicht mit zum Schwimmen? Was muss ich wissen, wenn ich bei meinem Freund Kenan zum Fastenbrechen eingeladen bin? Was muss ich tun und lassen, wenn wir mit der Klasse eine Moschee besuchen? Warum sieht es in einer Moschee so anders aus als in einer Kirche? Warum wird im deutschen Fernsehen so viel von Gewalt in islamischen Ländern gesprochen? Darf ich als Christ den Koran berühren?

In der Sek II spielt z. B. der Vergleich von Bibel und Koran eine Rolle oder der Vergleich islamischer und christlicher Gottesvorstellungen. Auch die Frage nach dem Fundamentalismus in Christentum und Islam[43] und das Verhältnis der Religionen hat hier ihren Platz.

In der Berufsschule werden anhand konkreter Anlässe die Hintergründe der kulturellen und religiösen Unterschiede der Schülerinnen und Schüler zum Thema.[44]

---

42 Vgl. Einheitliche Prüfungsanforderungen für das Abitur Ev. Religion. Kultusministerkonferenz 2006, Schönberger Hefte 4/12.

43 Harmjan Dam, Christlicher und islamischer Fundamentalismus – Eine Unterrichtsidee für die Oberstufe des Gymnasiums (E1). RPI-Impulse 1/15, S. 26–29.

44 Weitere Unterrichtsmaterialien: Harmjan Dam, Björn-Uwe Rahlwes (Hg.): Anderes entdecken – Eigenes vergewissern, Braunschweig 2008.

Wie kann ich das Beten von Muslimen im Unterricht gut erklären?

In der Sek I gehört zum Unterricht über den Islam die Beschäftigung mit dem fünfmaligen täglichen Gebet *(Salat).* Es gehört zu den wesentlichen Merkmalen des Islams und in den Medien ist die Gebetshaltung das sichtbare Zeichen für den Islam. Weil es zu den fünf Säulen gehört, wird es manchmal schon in der Grundschule angesprochen, spätestens aber in der 7. Klasse. Wissen, was die Bewegungen bedeuten, gehört zu den Standards des Religionsunterrichts.

Wie soll nun im konfessionellen Religionsunterricht der Unterricht über das Beten gestaltet werden? Hier bewegen wir uns zwischen den oben genannten Polen »Außensicht« und »Innensicht«. Nur »Außensicht« wäre ein Lehrervortrag oder Video über die Bedeutung der unterschiedlichen Gebetshaltungen. Nur »Innensicht« wäre im evangelischen Religionsunterricht, die islamischen Gebetshaltungen gar nicht zu besprechen.

Ein Religionsunterricht (evangelisch, islamisch, katholisch), der den Umgang mit Pluralität vermitteln möchte, kann z. B. eine gemeinsame Unterrichtssequenz (oder Projekt) von christlichen und muslimischen Schülern durchführen. Hier könnten ein Imam, ein muslimischer Schüler oder eine muslimische Schülerin ihren Klassenkameraden die Gebetshaltungen vormachen und darüber mit der Klasse ins Gespräch kommen. Nach dem körperlichen Vollzug der Gebetshaltungen haben alle Schülerinnen und Schüler die Erfahrung des Sich-Verneigens vor Gott, des Sich-Öffnens, des Achtens auf den Nächsten gemacht. Untereinander und mit den Lehrkräften kann nun ein Gespräch über das Beten und den Sinn des Betens entstehen. Und auch die im Gebet auf sich bezogenen Christen (dies ist eine Folge von Händefalten und Augenschließen) lernen, was es bedeuten kann, auf eine andere Art zu beten. Sie können sich fragen, ob sie als Christ auch so beten dürfen. Auch kann die Gruppe gemeinsam in eine Kirche und in eine Moschee gehen, um mit dem Pfarrer oder der Pfarrerin bzw. mit dem Imam ins Gespräch über die Frage, wie Christen und Muslime beten, zu kommen.

Wirklicher Respekt, der das widerständige Andere des Anderen ernst nimmt, erschließt sich über die Begegnung und Auseinandersetzung in der Klasse (und Peergroup), über die körperliche Erfahrung, ergänzt durch visuelle, schriftliche und mündliche Informationen der Lehrkraft. So wird der Perspektivwechsel vollzogen bzw. bewegt sich das Denken und Erfahren im Pendel zwischen Innen- und Außensicht. Insbesondere bei der gemeinsamen Vorbereitung einer religiösen Feier (siehe Kapitel 5 und 6) werden diese Erfahrungen sehr intensiv gemacht.

Wie geht fächerverbindendes Lernen mit Muslimen im Ethik-Unterricht?

Der Umgang mit dem Fremden kann in der Schule auch im fächerverbindenden Unterricht gelernt werden. Dazu kann, wenn in der Schule noch kein islamischer Religionsunterricht stattfindet, ein fächerverbindendes Lernen der Fächer Evangelischer Religionsunterricht und Ethik durchgeführt werden. Die Schülerinnen und Schüler im Fach Evangelische Religion sind in der Regel deutschsprachig und in der 3. oder 4. Generation im weiteren Umfeld der Schule wohnhaft. In Ethik sind fast alle Schülerinnen und Schüler konfessionslos, Anhänger anderer Religionen oder nicht-religiös. Viele haben einen Migrationshintergrund. In einer fächerverbindenden Unterrichtsreihe lernen die Schülerinnen und Schüler z. B. die Gründe für Migration oder Flucht. Durch die Begegnung können sie direkt die Hintergründe erfragen und Vorurteile ansprechen. Ausgehend von der biblischen Geschichte von Ruth können sie entdecken, wie aus biblisch-christlicher Sicht der Umgang mit dem Fremden gedacht wird. Gemeinsam suchen sie, auch aus christlicher Sicht, nach Kriterien für den Umgang mit dem Fremden. Für die Sek I liegt hier anregendes Unterrichtsmaterial vor.[45]

Wie organisiere ich einen Moscheebesuch?

In den großen Städten gibt es viele Moscheen, in Frankfurt sind es z. B. etwa 40 Stück. Sie sind Orte für Muslime aus unterschiedlichen Ländern: Türkei, Marokko, Arabische Länder, Bosnien, Afghanistan

45 Religion 5–10. Was geht mich das Fremde an? Seelze, Heft 10, 2/2013.

Abb. 5: Eine Gruppe Religionslehrerinnen und -lehrer besucht die Merkez-Moschee Frankfurt

usw. Manche Moscheen sind im Stadtbild sichtbar und auf Besucher eingestellt, andere überhaupt nicht. Weil es nicht einfach ist zu wissen, welche Moschee für einen Besuch mit der Schulklasse geeignet ist, kann man sich als Lehrkraft zur Beratung an die Fachstellen für Ökumene in der evangelischen oder katholische Kirchen wenden.

Der zweite Schritt ist, die Moscheegemeinde direkt anzufragen. Hilfreich ist es auch, wenn man eine Kontaktperson als »Türöffner« hat. Dies können muslimische Schülerinnen und Schüler, Eltern oder Kollegen aus der Schulgemeinschaft sein oder die Leiter der obengenannten Fachstellen für Ökumene. Es ist gut, selbst zur Moschee zu gehen, um demjenigen zu begegnen, der für die Besucher und Führungen zuständig ist. Wichtig ist es, sich vor allem bei der Erstbegegnung Zeit zu nehmen, über sich und seine Arbeit an der Schule zu erzählen, sich die Moschee zeigen zu lassen und dann eine Absprache über den Zeitpunkt und Inhalt des Besuches zu treffen. Die Führer sind oft junge Mitglieder der Moscheegemeinden, die gut Deutsch sprechen. Sie machen die Führungen fast immer ehrenamtlich neben ihrem Beruf und können darum nicht immer und zu allen Zeiten in der Moschee sein. Die muslimische Religionsgemeinschaft DITIB hat beispielsweise viele Dialogführer (»Moschee-Guides«) ausgebildet.

Wenn mehr als eine Führung erwartet wird, wie z.B. ein Gespräch oder die Teilnahme am Gebet, muss das nachdrücklich erfragt werden. Bei allem gilt, sensibel für religiöse und kulturelle Unterschiede zu sein. In der orientalischen Kultur ist u.a. die Beziehung wichtig, darauf gründet das Vertrauen. In manchen Kulturen geben beispielsweise die Männer fremden Frauen nicht die Hand, was aber nicht als Abwertung zu verstehen ist. In der Regel gibt es keine schriftliche Bestätigung. Es ist gut, wenige Tage vor dem Besuch noch einmal anzurufen.

Wie bereite ich meine Schulklasse auf einen Moscheebesuch vor?

Es ist äußerst sinnvoll, die Klasse im Unterricht auf den Besuch vorzubereiten. Die drei wichtigsten Einrichtungsgegenstände in einer Moschee sollten vorher genannt sein: die Vortragskanzel, die Gebetsnische und die Predigtkanzel. Darüber hinaus kann man der Klasse schon erzählen, was es in manchen Moscheen noch zu sehen gibt: der Name Gottes, der Name Mohammeds, das Muster auf dem Teppichboden, die Kalligrafien mit Koranversen, die Frauenempore usw. Es empfiehlt sich, die Klasse auf kleinen Zetteln schon Fragen formulieren zu lassen: »Wenn wir in eine Moschee gehen und dort mit einem Muslim (einer Muslima) sprechen, dann möchte ich Folgendes wissen: …«. Die Schülerinnen und Schüler sollten sich selbst als Anwalt ihrer Fragen verstehen und diese authentisch beim Besuch stellen.

Die Gruppe muss wissen, dass sie in der Moschee die Schuhe ausziehen muss. Also morgens saubere und ordentliche Socken anziehen! Dezente Kleidung für Jungen und Mädchen ist geboten: keine kurzärmligen oder bauchfreien T-Shirts, keine Miniröcke, keine Bermuda-Shorts, keine Baseballkappen usw. Wichtig ist darauf hinzuweisen, dass sie zu Gast in einem Gotteshaus sind und man sich da anständig und respektvoll verhält.

Die Eltern sollten, wie bei jedem Lehrausflug, eine schriftliche Information erhalten und dem Besuch u.U. durch eine Unterschrift zustimmen. Durch die Information kann auch möglichen Ängsten im Vorfeld begegnet werden (für Nachfragen die eigene Telefonnummer angeben) und auf das respektvolle Verhalten in der Moschee hingewiesen werden.

Um ins Gespräch zu kommen, hilft es, die Schülerinnen und Schüler zu ermutigen, ihre Fragen zu stellen. Allerdings gilt hier das Prinzip Respekt. Respektlose Fragen werden höflich nicht beantwortet; vom Insistieren ist abzuraten. Wenn möglich ist es sehr schön, eine Gebetszeit mitzuerleben. Von muslimischer Seite gilt die Einladung zum Gebet als Gastfreundschaft. Beim Gebet sitzt die Gruppe ruhig hinten in der Moschee. Eine Erklärung der Gebetshaltungen und des Ablaufes des Gebets (siehe oben) muss vorher geschehen sein. Als Geschenk eignen sich Alkohol, Fleisch und Gelatine-Produkte nicht. Dafür sind Schokolade, ein Buch oder Blumen gut. Auch eine Spende ist willkommen.

Müssen Muslime in der Schule ihr tägliches Gebet verrichten?

Vor einiger Zeit beschäftigte die Anfrage eines muslimischen Schülers in Berlin die Medien, der in seiner Schule einen Raum für sein tägliches Gebet forderte. Vor allem in den Wintermonaten sei dies nötig. Das Berlin-Brandenburger Oberverwaltungsgericht lehnte dies im November 2011 ab, weil es den Schulfrieden stören und andere Schüler beeinflussen würde. In dem Gymnasium gebe es Konflikte um religiös richtiges Verhalten, die durch die islamischen Gebetsrituale verstärkt würden. Der Schüler bräuchte dann einen getrennten Raum, was schulorganisatorisch schwierig sei.

Dieses Berliner Urteil ist nicht richtungsweisend für andere Bundesländer, weil das Verhältnis von Staat und Kirche in Bezug auf Religion und Religionsunterricht hier (wie auch in Bremen) anders als in den restlichen Bundesländern geregelt ist. In vielen Schulen ist es möglich, einen Raum für Gebete zur Verfügung zu stellen. Vor allem die Verrichtung des Mittagsgebets kann für muslimische Schülerinnen und Schüler schwierig sein. Morgens, nachmittags, abends und nachts wird zu Hause gebetet. Beim Mittagsgebet gilt es allerdings zu beachten, dass der Zeitpunkt des Gebets nur die Anfangszeit festlegt. Ab dann muss es bei Gelegenheit spätestens bis zum späteren Nachmittagsgebet verrichtet werden. Auf Reisen können einige Gebete zusammengelegt werden. Für den geregelten Schultag gilt dies nicht.

Brauchen Muslime in der Schule einen eigenen »Raum der Stille«?

Ein Muslim braucht für das tägliche Gebet an sich keinen bestimmten Raum. Dies gilt auch für Gebete bei einem Trauerfall. Andererseits hilft eine für die eigene Religion passende Umgebung (Kirche, Moschee), um sich auf das Gebet zu konzentrieren.

Es wird in der Schule oft nicht möglich sein, mehrere Räume (»Kapellen«) anzubieten. Dann ist ein gemeinsamer »Raum der Stille« hilfreich. Wenn in der Schule ein derartiger Raum eingerichtet ist, sollte die Schulleitung konkrete Personen oder eine Gruppe benennen, denen oder der die Verantwortung für den Raum übertragen wird. Diese müssen miteinander besprechen, wie und wann der Raum genutzt wird. Zur Praxis der Nutzung und Einrichtung dieser Räume liegen viele Beispiele von Gebetsräumen, Kapellen oder »Räumen der Stille« in Krankenhäusern, Gefängnissen, Flughäfen, Einkaufzentren oder an Autobahnen vor.[46]

Grundsätzlich umfasst die Glaubensfreiheit der Schülerinnen und Schüler auch das Recht, das Gebet während des Besuchs der Schule, aber außerhalb der Unterrichtszeit zu verrichten. Allerdings verleiht dieses Recht keinen Anspruch gegenüber der Schule, einen Raum für Gebete zur Verfügung zu stellen oder zu gestatten, dass rituelle Gebete auf dem Schulflur verrichtet werden. Mit dem Urteil vom 30.11.2011 hat das Bundesverwaltungsgericht dokumentiert,[47] dass der Schutzbereich des Art. 4 Abs. 1 und 2 auch die freie Wahl des Ortes zur Verrichtung des Gebets umfasst, das Grundrecht der Glaubensfreiheit aber nicht uneingeschränkt besteht. Die Schule ist zwar nicht berechtigt, unter Hinweis auf das verfassungsrechtliche Gebot der religiösen Neutralität des Staates die Verrichtung des Gebets im Schulgebäude zu unterbinden, jedoch kann in dem Gebot, den Schulfrieden zu wahren, die Berechtigung zur Verrichtung des Gebets ihre Grenze finden. Eine solche Einschränkung des Grundrechts auf Glaubensfreiheit steht im Einklang mit dem Gebot eines

---

46 Für die Schule siehe u. a.: Jochen Waldorf, Räume der Stille, in: Harmjan Dam, Stefanie Daube, Die Mitte suchen, Neukirchen 2011, S. 85–100.

47 Siehe www.bverg.de.

schonenden Ausgleichs der Verfassungsgüter. Der Grundsatz der Verhältnismäßigkeit ist gewahrt, die Einschränkung der Glaubensfreiheit erweist sich als angemessen und steht auch nicht im Verhältnis zu dem rechtfertigenden legitimen Zweck.

In Zweifelsfällen sollten sich die Schulen mit ihrer Schulaufsichtsbehörde in Verbindung setzen, um einzelfallbezogen das Verfahren abzustimmen und gegebenenfalls alternative Konfliktlösungen zu erarbeiten.

Darf man muslimische Schülerinnen und Schüler seelsorgerisch betreuen?

Für die seelsorgerische Betreuung von Muslimen sind gute Kenntnisse über den Islam in seiner Vielfalt und Kenntnisse über die unterschiedlichen kulturellen Lebensweisen notwendig. Hier gilt, dass das notwendige Vertrauen erst entsteht, wenn z. B. ein evangelischer Seelsorger oder eine evangelische Seelsorgerin sich auf die andere Kultur und die »fremde« Lebensweise einlässt und das »Anderssein« achtet. Insbesondere bei Trauerfällen gilt es, die genaue religiöse und kulturelle Prägung der betroffenen Familie wahrzunehmen.

In Krisensituationen und Katastrophen tritt die Konfessionalität und religiöse Zugehörigkeit zunächst zurück. Für alle gilt in dieser Situationen das **S-O-S:** zunächst **S**ichern, dann **O**rdnen und dann die Betroffenen **S**tützen: Angehörige informieren, Betroffene seelsorgerisch betreuen.[48]

Prinzipiell gilt im Islam, dass alles erlaubt ist, um ein Menschenleben, um Leib und Seele, zu retten. Dies gehört zu den fünf Maximen, die geschützt werden sollen.[49] Bei Todeshunger darf z. B. Schweinefleisch gegessen werden. Auch spielt beispielsweise bei der Rettung von Leben die klare Trennung zwischen Männern und Frauen keine Rolle. Bei ärztlicher Betreuung gilt die Geschlechtertrennung

48 Harmjan Dam, Andreas Mann, In der Schulseelsorge bei schulischen Not- fall- und Krisensituationen handlungsfähig sein, in: Harmjan Dam, Matthias Spenn (Hg.), Qualifizierung Schulseelsorge, Münster 2009, S. 85–91.

49 Die fünf Maximen sind: Leben, Eigentum, Religionsfreiheit, Nachkommenschaft, Verstand.

grundsätzlich nicht. In Krisensituationen können auch interreligiöse Gebete (siehe Kapitel 5, Form C) eine wichtige Rolle beim gemeinsamen Ausdrücken von Trauer und Sorge erfüllen.

Während vonseiten der evangelischen und katholischen Kirchen ein gut ausgebautes Netz von hauptberuflichen Seelsorgern besteht (Notfallseelsorge, Schulseelsorge, Krankenhausseelsorge, Gemeindepastoral, Diakonie, Caritas), haben Moscheegemeinden nur begrenzt finanzielle Möglichkeiten. Häufig gibt es sprachliche, kulturelle und religiöse Barrieren, die eine Kooperation erschweren. In manchen Großstädten entstehen aber momentan islamische Organisationen, die mit Notfallseelsorge, Krankenhausseelsorge, der Diakonie und der Caritas vergleichbar sind. Für die muslimische Religionsgemeinschaft DITIB gibt es in jedem Bundesland einen »Beauftragten für den interreligiösen Dialog«, der in diesen Fällen weiterhelfen kann.

Müssen muslimische Mädchen am Schwimmunterricht und muslimische Schülerinnen und Schüler an Klassenfahrten teilnehmen?

Die Teilnahme am Sport-und Schwimmunterricht wurde im Jahr 2013 durch das Bundesverfassungsgericht neu geregelt. Für muslimische Mädchen ist es möglich, einen sog. »Burkini« zu tragen, der mehr vom Körper bedeckt als der europäische Badeanzug. Geäußerte Beschwerden, dass diese Mädchen dann aber die anderen in freizügiger Badekleidung sehen müssen, gelten nicht. Die Aufgabe der Schule, den jungen Frauen die körperliche Fähigkeit des Schwimmens zu vermitteln, wird hier über das religiös-kulturelle Empfinden gestellt.

Zur Teilnahme an Klassenfahrten gilt, dass aus Sicht der Schule der hohe Stellenwert dieser Veranstaltungen betont wird. Die Eltern sind vor diesem Hintergrund gehalten, eventuelle Gründe für die Nichtteilnahme ihrer Kinder bei mehrtägigen Klassenfahrten nachvollziehbar zu begründen. Bei der Planung von schulischen Veranstaltungen sollte aber darauf geachtet werden, dass Schulfahrten möglichst nicht während des Fastenmonats Ramadan oder anderer wichtiger religiöser Feiertage stattfinden. In religiös motivierten Konfliktfällen, wie beim Essen, sollte versucht werden, gemeinsam mit den Eltern Lösungswege zu finden, die die Teilnahme der Kinder an Klassenfahrten ermöglichen. Dies kann z. B. bedeuten, dass muslimischen Schülerinnen und Schülern während der Klassenfahrt ein alternatives Essen angeboten wird, das den muslimischen Speisegeboten entspricht.

Dürfen Muslime ihre eigenen Feiertage feiern und dafür schulfrei bekommen?

Islamische Feiertage sind in Deutschland keine gesetzlichen Feiertage. Vereinzelt gibt es Staatsverträge mit muslimischen Verbänden (in Hamburg und in Bremen), die u. a. den Einsatz muslimischer Seelsorger in Krankenhäusern und den Religionsunterricht regeln. In anderen Bundesländern werden derartige Verträge angestrebt. Bis jetzt gibt es, außer den 3. Oktober und Neujahr, nur christliche Feiertage und die Einführung eines derartigen Feiertages könnte die Integration von Muslimen fördern.

Aber auch jetzt schon besteht im Einzelfall die Möglichkeit für muslimische Eltern, eine Unterrichtsbefreiung für ihre Kinder an hohen islamischen Feiertagen zu erhalten. Erforderlich ist, dass die Eltern der Schule rechtzeitig schriftlich mitteilen, dass ihr Kind an diesem Tag die Schule nicht besucht. Die Daten dieser Feiertage werden in jedem Schuljahr in den Amtsblättern der Kultusministerien veröffentlicht. Die Schulen sind gehalten, diese Feiertage bei ihrer Terminplanung für das Schuljahr zu berücksichtigen. Das betrifft insbesondere die Festlegung von Klassenarbeiten oder anderen Leistungsüberprüfungen. Andererseits wird in allen Bundesländern der hohe Wert der Schulpflicht herausgestellt. In Konfliktfällen wird verlangt, dass der Konflikt bei Abwägung aller zu berücksichtigenden Gesichtspunkte zu einem schonenden Ausgleich gebracht werden soll. Nur wenn ein solcher Ausgleich nicht möglich ist, hat die Rechtssprechung in bestimmten Einzelfällen einen Anspruch auf Befreiung von bestimmten Unterrichtsveranstaltungen bestätigt.[50]

50 Vgl. für Hessen: Hessischer Staatsgerichtshof, Urteil vom 4.10.1995, Hessisches Schulgesetz F.740 Nr. 1: Voraussetzung dafür ist, dass ein nicht auflösbarer Gehorsamskonflikt mit den Geboten des Glaubens besteht. Die Darlegungslast liegt bei demjenigen, der eine Befreiung von der Schulpflicht erlangen will. Hierbei genügt es nicht, sich auf behauptete Glaubensinhalte zu berufen.

In der Regel bedarf es für den Antrag auf Unterrichtsbefreiung einer Bescheinigung von einer anerkannten Autorität der Glaubensrichtung.

Dürfen muslimische Schulkinder im Ramadan fasten?

Rechtlich ist es muslimischen Schülerinnen und Schülern als Ausdruck ihrer Religionsausübungsfreiheit aus Art. 4 GG gegeben, auch in der Schule zu fasten und auf Speisen und Getränke zu verzichten. Gleichwohl haben sie auch im Ramadan die Pflicht, daran mitzuarbeiten, dass die Aufgaben der Schule erfüllt und die Bildungsziele erreicht werden können. Bei der Planung von Schulfahrten und der Festlegung von Praktika, Schulfesten u. ä. sollen seitens der Schule auch die Zeiten des Ramadan möglichst berücksichtigt werden.

Was sind die Bedenken von Muslimen bei Reisen, Essen, Alkohol und Freundschaften mit Nicht-Muslimen?

Reisen werden in muslimisch geprägten Kulturen oft unter einem Sicherheitsaspekt wahrgenommen. So befürworten viele dazu die Begleitung durch einen engen Verwandten. Wenn die Lehrkräfte über die Sicherheit während der Reise informieren, kann dies ein mögliches Misstrauen der Eltern ausräumen.

Daneben spielen für gläubige Muslime religiöse Vorschriften wie z. B. Essen und Trinken eine wichtige Rolle. So sollte man immer bedenken, dass *Halal*-Essen im Voraus geklärt oder alternativ vegetarisches Essen organisiert wird. Alkohol ist grundsätzlich verboten. Unter *Halal*-Essen verstehen die meisten Muslime im Namen Gottes geschächtetes Fleisch. Auch nicht-*halale* Tierprodukte wie Gelatine gelten als verboten. *Halal* bedeutet im weiten Sinne auch naturbewusstes und gesundes Essen. So steht im Koran Sure 2:172–173: »O ihr, die ihr glaubt, esset von den guten Dingen, die Wir euch beschert haben, und danket Allah, wenn Er es ist, Den ihr anbetet. Verwehrt hat Er euch nur das von selbst Verendete und Blut und Schweinefleisch und das, worüber etwas anderes als Allah angerufen worden ist.«

Freunde gelten als wichtige Weggefährten und spielen in der Sozialisation von Jugendlichen eine zentrale Rolle für die Entwicklung der Person. Da sich die Menschen gegenseitig vervollkommnen, ist aus muslimsicher Sicht die Freundschaft ein wesentlicher Aspekt der persönlichen Entfaltung. Muslimische Eltern haben Sorge, dass z. B. Alkohol- oder Drogenkonsum, die in der Mehrheitsgesellschaft weniger strikt gesehen werden, negative Auswirkungen auf ihre Kinder haben könnten. Gute Freundschaften zu schließen ist in Übereinstimmung mit der islamischen Lehre. Die kulturelle und ethnische Herkunft ist dabei absolut sekundär.

5. Religiöse Feiern von Christen und Muslimen in der Schule

Wenn Religionslehrkräfte oder Schulpfarrerinnen und -pfarrer in der Schule eine gemeinsame religiöse Feier von Christen und Muslimen durchführen wollen, ist genau auf die Form zu achten. Es können hier vier theologische Formen unterschieden werden, die im Schema am Ende dieses Kapitels (S. 80 f.) zusammengefasst sind.

Die rechtlichen Vorgaben von Schul- und Schülergottesdiensten werden im Schulrecht der unterschiedlichen Bundesländer und in den Vereinbarungen zwischen den jeweiligen Landeskirchen und Bundesländern geregelt und sind jeweils zu beachten.

A. Liturgische Gastfreundschaft

Die erste Form ist ein christlicher Gottesdienst nach dem Modell der »liturgischen Gastfreundschaft«. Dabei sind muslimische Gäste eingeladen, an einem evangelischen oder katholischen Gottesdienst teilzunehmen. In der Regel sind viele dieser Gottesdienste »ökumenische Gottesdienste«. Mit diesen ökumenischen Gottesdiensten sind über viele Jahre gute Erfahrungen mit »liturgischer Gastfreundschaft« gemacht worden, weil auch diese sich oft entweder nach der evangelischen oder nach der katholischen Tradition richten. Hier tritt nun ein dritter Partner hinzu.

Die muslimischen Gäste werden am Anfang des Gottesdienstes nachdrücklich begrüßt. Sowohl die Christen als auch die Muslime sind der Einladung zu diesem gemeinsamen Gottesdienst gefolgt, weil sie davon ausgehen, dass Christen und Muslime, zwar auf andere Art und Weise und in einer anderen Tradition, aber zum gleichen Gott beten. Es ist darum auch möglich, dass Muslime an bestimmten Elementen des Gottesdienstes beteiligt werden. Sie können im Rahmen der Fürbitten ein Gebet sprechen, im Rahmen der Schriftlesungen einige Suren aus dem Koran vortragen, sie können bei der Verkündigung einige Gedanken zum Thema beitragen usw.

Nicht gedacht ist, dass Christen in einem evangelischen Gottesdienst im Blick auf die muslimischen Gäste islamische Texte vorlesen.

Die Anlässe für Feiern nach dem Modell der liturgischen Gastfreundschaft können so vielfältig sein, wie es evangelische und ökumenische Gottesdienste und Andachten gibt:

- kirchliche Feiertage,
- eine Beerdigung oder eine Trauerfeier,
- ein Gottesdienst anlässlich einer Katastrophe oder einer großen Bedrohung,
- der Einschulungsgottesdienst in der Grund- oder in der weiterführenden Schule,
- Abschlussgottesdienste am Schuljahresende oder nach der vierten Klasse,
- ein Gottesdienst bei der Zeugnisvergabe am Ende der Haupt- oder Realschule, beim Abitur,
- usw.

Ungeachtet der Anlässe entspricht die liturgische Form dem evangelischen Gottesdienst. Weil die Muslime zu Gast sind, können sie christliche Elemente wie Kreuz, ein gemeinsam gesprochenes Vaterunser, Lieder mit Bekenntnischarakter akzeptieren. Wenn sie zu große Bedenken haben, werden sie die Kirche nicht betreten. Mit Rücksicht auf die muslimischen Gäste wird aber die Bedeutung der unterschiedlichen liturgischen Elemente in kurzen Sätzen ausführlicher als sonst erklärt. Ein Liturgieblatt kann sprachlichen und theologischen Missverständnissen vorbeugen. Wenn in diesem Gottesdienst ein Bild oder Symbol mitgegeben wird (»Give-away«), ist zu bedenken, dass dies unabhängig von der Einbettung im Gottesdienst falsch verstanden werden kann.

Der Schulgottesdienst sollte vorzugsweise in einer Kirche stattfinden. In diesem Fall entscheidet der Kirchenvorstand über die Raumvergabe. Die Mitglieder der Schulgemeinde müssen sich dann über das Sekretariat der Kirchengemeinde an den Kirchenvorstand wenden. In der Regel werden die Kirchen kostenfrei zur Verfügung gestellt.

Die Zuständigkeit dieses Gottesdienstes liegt, wenn er in einer evangelischen Kirche stattfindet oder hauptsächlich von einem evangelischen Pfarrer oder einer Pfarrerin verantwortet wird, bei der evangelischen Kirche. Evangelische Religionslehrkräfte sind durch die Bevollmächtigung bzw. Vokation ebenfalls dazu autorisiert. Darum leiten diese Personen die Vorbereitungsgruppe. Falls es Probleme oder Beschwerden gibt, liegt die übergeordnete Verantwortung in der Regel bei der regionalen kirchlichen Aufsichtsbehörde (Schuldekan, Kirchliches Schulamt usw.), die die inhaltliche Dienst- und Fachaufsicht über Religionslehrkräfte und Schulpfarrerinnen und -pfarrer hat. Auf diese Weise ist die Verbindung zur Kirchenleitung hergestellt. Die Verantwortung liegt nur beim Ortspfarrer bzw. bei der Ortspfarrerin und beim Kirchenvorstand, wenn er oder sie diesen Gottesdienst für die Schulgemeinde übernimmt, ohne selbst in der Schule zu unterrichten, und der Gottesdienst in seiner oder ihrer eigenen Gemeinde stattfindet.

Wenn der Gottesdienst in einem dafür geeigneten schulischen Raum stattfinden soll, entscheidet der Schulleiter über die Raumvergabe. Die Verantwortung über Ablauf und Inhalt bleibt aber so, wie oben formuliert.

Die Teilnahme, sowohl der Schüler- wie der Lehrerschaft, ist freiwillig. Ungeachtet des Ortes, an dem der Gottesdienst stattfindet, sind die Eltern zu informieren.

Es gibt auch islamische Feiern mit Christen als Gästen. In einem interreligiösen Kalender sind die Termine der islamischen Feste zu finden. Wenn z. B. eine islamische Trauerfeier (Trauergottesdienst im religiösen Sinne) gefeiert werden sollte, wird diese von einem Imam oder Hodscha geleitet. Sie kann in der Moschee, aber auch in der Schule stattfinden. Wenn Christen nicht nachdrücklich dazu eingeladen sind, sollten sie hier nicht beten und auch auf religiöse Sprache verzichten. Eine allgemeine Erinnerungsansprache ist aber in der Regel erlaubt und sogar oft erwünscht.

B. Multireligiöse Feier

An dieser zweiten Form der religiösen Feier sind Christen und Muslime gleichberechtigt beteiligt. Sie beten nebeneinander bzw. nacheinander und nehmen Rücksicht auf die jeweiligen Unterschiede. Dieses Modell ist auch als *Assisi-Modell* bekannt geworden – nach dem Friedensgebet der Religionen, das von Papst Johannes Paul II im Jahr 1986 initiiert wurde.

Im Hinblick auf die Beteiligung der anderen Religionen ist der Umgang mit christlichen Symbolen etwas zurückhaltender als bei Modell A. Dennoch kann aus der Fülle der jeweils eigenen Tradition geschöpft werden und wird nicht nach der größten gemeinsamen Vielfalt gesucht, wie es in Modell C eher der Fall ist. Anstelle einer prominenten Position des Kreuzes kann z. B. eine neue liturgische Mitte mit einem Koran und einer Bibel gebildet werden. Eventuell kann auf dem Umschlag der Bibel ein Kreuz abgebildet sein. Der christliche Vorbeter oder die Vorbeterin kann als eine Einzelperson das Vaterunser problemlos beten und aus der Ich-Perspektive reden. Auf das gemeinsam gesprochene Gebet Jesu oder auf Formulierungen wie »Wir alle wollen …« usw. wird verzichtet. Bei der multireligiösen Feier sprechen die Beteiligten jeder nacheinander Gebete, in dem Sinne wie sie Gott verstehen.

Formen für das multireligiöse Gebet sind:

- Feiern anlässlich Katastrophen, Trauerfeiern oder Friedensgebete,
- Einschulungsgottesdienste und schulische Abschlussgottesdienste,
- Gottesdienste anlässlich schulischer Ereignisse (Jubiläum usw.).

Bei der multireligiösen Feier sind die Beteiligten jeweils für Form und Inhalt des eigenen Teils verantwortlich. Für die evangelischen Anteile sind dies Schul- oder Ortspfarrer bzw. -pfarrerin oder die Religionslehrkraft. Die übergeordnete Verantwortung liegt, wie bei Modell A, bei der kirchlichen Aufsichtsbehörde.

Obwohl sich von muslimischer Seite jeder als Vorbeter anbieten darf, empfiehlt es sich, nach der Einbindung des jeweiligen Partners zu fragen. Gerade hier werden in den Moscheevereinen momentan Strukturen aufgebaut, die auch zu einer inhaltlichen Absicherung führen sollen.

Die multireligiöse Feier kann in einer Kirche oder Moschee stattfinden, obwohl vieles einfacher ist, wenn sie in der Schule ist. Die Raumgenehmigung ist wie bei Modell A geregelt. Wie bei jeder Veranstaltung für Schülerinnen und Schüler gilt, dass die Eltern zu informieren sind und dass die Teilnahme freiwillig ist.

Auch wenn die Inhalte von den jeweiligen Personen verantwortet werden, muss der Ablauf gemeinsam sorgfältig vorbereitet werden. Die Texte der Gebete, Lesungen und Lieder sollten einander gegenseitig vorgelegt werden, arabische Texte sollten übersetzt im Liturgieheft abgedruckt sein oder anschließend auf Deutsch gelesen werden. Hier gilt es aber, die Bilanz zwischen interreligiösem Dialog und gemeinsamer Vorbereitung zu behalten, z. B. wenn es um das Gebetsverständnis geht. Nur durch eine sorgfältige Vorbereitung wird eine gemeinsame Feier aus einem Guss entstehen und zerfällt nicht in unverbundene Einzelteile.

Ökumenische Gottesdienste mit Katholiken können in dieser Perspektive auch in gewissem Sinne »multireligiöse Gottesdienste« sein, wenn hier die Verantwortung für die unterschiedlichen Elemente bei den jeweiligen Partnern liegt. Dass auch ökumenische Gottesdienste genaue gegenseitige Absprachen benötigen, hat die langjährige Erfahrung gelehrt.

C. Interreligiöse Feier

Die dritte Form sind sog. interreligiöse Feiern. Hier wird nicht nur nacheinander aus der eigenen Tradition heraus gebetet, sondern Christen und Muslime formulieren gemeinsam Gebete. »Inter« bedeutet, dass manche Inhalte sich zwischen beiden Traditionen befinden können, weil der Perspektivwechsel vollzogen ist.

Diese Feiern erwachsen in der Regel aus dem Bedürfnis nach Gemeinsamkeiten:
- in Notsituationen, wie bei Trauerfeiern,
- anlässlich Katastrophen und in großer Gefahr (Friedensgebete).

Die Zuständigkeit liegt individuell bei den leitenden Personen (Imam, Pfarrer, Religionslehrkraft) oder bei der Schule.

Die Raumgenehmigung ist wie oben geregelt und es kann vorkommen, dass ein evangelischer Kirchenvorstand seine Kirche nicht für eine derartige Feier zur Verfügung stellt. Wenn eine solche Feier in der Schule stattfindet, muss der Schulleiter den Raum genehmigen. Weil hier manchmal Beschwerden eingelegt werden (Synkretismus-

Vorwurf), kann es gut sein, dass der Schulleiter bei einer Interreligiösen Feier die Schulaufsicht informiert.

Auch sind in allen Fällen die Eltern zu informieren und die Teilnahme ist freiwillig.

Wichtig ist es hier die Kleiderfrage anzusprechen. Wird liturgische Kleidung getragen? Wenn ja, welche?

Weil der Träger individuelle Personen sind, müssen sie beachten, dass die Inhalte mit ihrer Vokatio bzw. mit ihrem Ordinationsversprechen übereinstimmen. Hier gilt die individuelle kirchliche Fachaufsicht.

Übrigens können sowohl in multireligiösen als auch in interreligiösen Feiern Kerzen angezündet werden, weil diese im Islam keine symbolische Bedeutung haben. Allerdings werden Muslime sich immer mehr bewusst, welche Bedeutung Kerzen für Christen haben (»Christus ist das Licht«) und das könnte in der Vorbereitung eines gemeinsamen Gottesdienstes thematisiert werden. Bei einer Trauerfeier darf in der Schule oder im Klassenraum ein Bild des Verstorbenen aufgestellt werden, auch wenn im Islam viel strikter mit Bildern umgegangen wird. Das Einrichten eines islamischen Gebetsraumes in der Schule ist für diese Bittgebete nicht zwingend nötig. In allen Fällen ist es wegen kultureller Unterschiede gut, die Gestaltung einer möglichen Feier in Absprache mit den Hinterbliebenen zu treffen.

Bei einer multireligiösen Feier kann aus der Fülle der eigenen Religion geschöpft werden. Auch werden mögliche Unklarheiten über Art und Inhalt der Feier vermieden. Sowohl bei der multireligiösen als auch bei der interreligiösen Feier muss bedacht werden, dass die Vorbereitenden einen längeren Prozess oder eine intensive gemeinsame Erfahrung (Traueranlass) hinter sich haben, die die anderen Gottesdienstbesucher nicht unbedingt teilen müssen. Bei den anderen Beteiligten können Gefühle der Vereinnahmung und Verwirrung entstehen, die während der Feier (die keine pädagogische Veranstaltung ist) nicht aufgefangen werden können. In Notsituationen, wenn die Feier aus einem Bedürfnis an Gemeinschaft, Nähe und gegenseitiger Unterstützung entsteht, treten diese Ängste und Vorbehalte sowie dogmatische und ekklesiologische Unterschiede in den Hintergrund.

D. Schulveranstaltung mit religiösen Elementen

Bei dieser vierten Form handelt es sich um schulische Feiern, zu denen Christen, Muslime oder Andersgläubige mit religiösen Elementen beitragen.

Dies sind z. B.:
- schulische Trauerfeiern,
- die Einweihung des Schulgebäudes,
- eine Jubiläumsfeier,
- die schulische Abiturfeier,
- politische Gedenktage, wie die Befreiung von Auschwitz am 27. Januar oder die Reichspogromnacht am 9. November.

Die Feier findet im öffentlichen Raum Schule statt und die Verantwortung bzw. Trägerschaft liegt bei der Schule. Dankworte und Gebete dürfen von jedem geschrieben und gesprochen werden. Wenn es sich um eine schulische Abschiedsfeier für einen verstorbenen Muslim oder eine verstorbene Muslima handelt, kann sie in der Schule von jedem geleitet werden.

Bei der Feier handelt es sich um religiöse Beiträge, die ohne kirchlich-liturgischen Zusammenhang gesprochen werden. Selbstverständlich sollte mit der Schulleitung über religiöse Kleidung gesprochen werden. Weil z. B. in der Schulgemeinde alle den (Schul-)Pfarrer oder die (Schul-)Pfarrerin kennen, kann er oder sie auf den Talar verzichten. Nachdrücklich ist bei einer öffentlichen schulischen Feier darauf zu achten, dass auch Personen ohne religiöse Bindung teilnehmen.

Die Inhalte werden von den handelnden Personen als Mitglieder der Schulgemeinde verantwortet. Falls jemand an den Inhalten Anstoß nimmt, muss der Agierende sich als Person verantworten.

Übrigens kann die Schulleitung bestimmte Personen beauftragen und die Texte und den Ablauf zur Genehmigung anfordern, wenn sie Probleme erwartet. Die Schule regelt Teilnahme und Aufsicht durch die Lehrkräfte und der Schulleiter muss die Schulaufsicht informieren.

Schema: Gottesdienste und Feiern von Christen und Muslimen in der Schule

Theologische Form	Mögliche Anlässe und Gestaltungsformen
A. Liturgische Gastfreundschaft	
Muslimische Gäste sind eingeladen an einem ökum. oder ev. Gottesdienst teilzunehmen und werden nachdrücklich begrüßt.	Ökum. und ev. Gottesdienste zu kirchlichen Feiertagen (Weihnachten, Ostern usw.) Tagesgebete Kirchliche Beerdigung Kirchliche Feier anlässlich Katastrophen, Trauerfeier Einschulungsgottesdienst Abschlussgottesdienst (Abitur)
B. Multireligiöse Feier	
Christen und Muslime beten nebeneinander und nehmen Rücksicht auf die jeweilige Unterschiedlichkeit.	Trauerfeier Feier anlässlich Katastrophen Friedensgebete Einschulungsgottesdienst Abschlussgottesdienst (Abitur) Gottesdienste anlässlich schulischer Ereignisse (Jubiläum usw.)
C. Interreligiöse Feier	
Christen und Muslime formulieren gemeinsam Gebete.	Trauerfeier Feier anlässlich Katastrophen und großer Gefahr
D. Schulveranstaltung mit religiösen Elementen	
Christen und Muslime oder Andersgläubige tragen mit religiösen Elementen zu einer Feier bei.	Schulische Trauerfeier Einweihung des Schulgebäudes Jubiläumsfeier Politische Gedenktage (z.B. 27. Januar) Abiturfeier

Zuständigkeiten	Hinweise
Es handelt sich um einen ökum. oder ev. Gottesdienst in einer ev. Kirche. In diesem Fall liegt die Verantwortung beim ev. Schulpfarrer(-in), der ev. Religionslehrkraft (mit Vokation) oder dem Ortspfarrer(-in), der/die den RU erteilt. Bei Problemen und Unklarheiten ist die Dienst- und Fachaufsicht zuständig.	Die liturgische Form entspricht dem ökum. oder ev. Gottesdienst. Die Teilnahme von Schüler- und Lehrerschaft ist freiwillig. Eltern sind zu informieren. Der Gottesdienst sollte vorzugsweise in einer Kirche stattfinden. Der Kirchenvorstand entscheidet über die Raumvergabe. Wenn der Gottesdienst in einem geeigneten schulischen Raum stattfinden soll, entscheidet der Schulleiter.
Für die ev. Anteile sind die ev. Beteiligten (Schulpfarrer/-in, Ortspfarrer/-in oder RU-Lehrer/-in) in Form und Inhalt verantwortlich. Über die Frage, welcher muslimische Partner einbezogen wird, sollte man sich sorgfältig informieren. Bei Problemen: siehe A.	Die Feier kann in der Schule stattfinden, aber auch in Kirche oder Moschee. Raumgenehmigung wie oben. Der Ablauf bedarf einer sorgfältigen gemeinsamen Vorbereitung, wie sie bei ökum. Gottesdiensten mit Katholiken gemacht wird. Die Teilnahme (SuL) ist freiwillig. Eltern sind zu informieren.
Die Verantwortung für diese Feier liegt bei der Schule oder bei den leitenden Personen. Die Inhalte müssen mit der Vokatio bzw. mit dem Ordinationsversprechen übereinstimmen. Es gilt die individuelle kirchliche Dienst- und Fachaufsicht.	Die gemeinsame Feier erwächst aus dem Bedürfnis der Situation. Religiöse Kleidung ist in Absprache zu klären. Die Teilnahme (SuL) ist freiwillig. Eltern sind zu informieren. Raumgenehmigung wie bei A. Bei Feiern in der Schule muss der Schulleiter die Schulaufsicht informieren.
Die Verantwortung liegt bei der Schule. Die Inhalte werden von den Personen als Mitgliedern der Schulgemeinde verantwortet. Die Schulleitung kann Personen beauftragen und auch Texte und Ablauf zur Genehmigung anfordern.	Es handelt sich um religiöse Beiträge, ohne kirchl.-liturg. Zusammenhang. Religiöse Kleidung ist abzusprechen. Die Schule regelt Teilnahme und Aufsicht durch Lehrkräfte. Der Schulleiter muss die Schulaufsicht informieren.

6. Beispiele für religiöse Feiern mit Muslimen in der Schule

Ein Einschulungsgottesdienst in der Grundschule (Modell A: Liturgische Gastfreundschaft)

Einschulungsgottesdienste erfreuen sich großer Beliebtheit. Sie gehören mit den liturgischen Feiern in der Weihnachtszeit zu den meistbesuchten Gottesdiensten überhaupt und werden schon viele Jahre von der evangelischen und katholischen Kirche gemeinsam (ökumenisch) für die ganze Schulgemeinde gestaltet. Diese bewährte Tradition soll durch die Beteiligung von Muslimen erweitert werden.

Hier wird ein Beispiel eines Einschulungsgottesdienstes nach dem Modell der »liturgischen Gastfreundschaft« vorgestellt. Er findet in einer evangelischen Kirche statt, in der Muslime Gäste sind und an der auch Katholiken mitwirken. Es muss dabei bedacht werden, dass dieser Ort für manche muslimischen Gäste eine Herausforderung darstellt und dass ihnen manche Elemente sehr fremd sind. Darauf sollte in einem Einschulungsgottesdienst besonders geachtet werden; es muss in der Begrüßung thematisiert werden.

Ablauf	In deiner Hand geborgen (Thema)	Ausführende
Instrumentalmusik		
Begrüßung	Willkommen. Erklärung des Ablaufes	(Ev.) Pfarrer/-in begrüßt Imam und Priester erwidern den Gruß
Votum Eingangsgebete Einführung	 Einführung in das Thema	Pfarrer/-in Pfarrer/-in Priester/Imam
Lied	Er hält die ganze Welt in seiner Hand	
Psalmengebet	Bibel: Psalm 95,1–5 Koran: Sure 48:7–10	Chr. wie musl. Lehrkraft, Pfr. oder Imam

Aktion	Schüler heften ihre aus Papier ausgeschnittene Hand an eine große Hand	Pfarrer/-in und alle Gottesdienstbesucher
Geschichte	Großvaters Hände	Priester
Lied	oder Instrumentalmusik	
Wünsche für die Schulzeit	Von älteren Schülern vorbereitet auf Kärtchen	Pfarrer/-in oder Schüler/-innen
Segensgebet Segen		Imam Pfarrer/-in
Schlusslied	Das wünsch ich sehr	
Nachspiel	Instrumental	

Instrumentalmusik

Begrüßung

Der evangelische Pfarrer bzw. die Pfarrerin begrüßt die Anwesenden, insbesondere den Imam und die muslimischen Gäste:

»Wir heißen Sie herzlich willkommen in diesem Einschulungsgottesdienst in der evangelischen Kirche … Wir freuen uns insbesondere, dass unsere muslimischen Gäste hierher gekommen sind, auch wenn es für manche das erste Mal ist, dass sie in einer Kirche sind. An diesem Gottesdienst wirken der Imam … und der katholische Pfarrer … mit. Manches wird Ihnen bekannt vorkommen, weil Sie es aus Ihrer eigenen Tradition kennen, manches aber wird Ihnen auch fremd erscheinen oder sogar Ihrem eigenen Glauben widersprechen.

Wenn wir beten, sind Sie herzlich eingeladen mitzubeten. Sie sollten sich jedoch nicht dazu verpflichtet fühlen. Sie können die Ruhe des Gebets auch für Ihr eigenes Gebet nutzen oder einfach still zuhören.«

Der Imam und der Pfarrer (und Priester) begrüßen die Anwesenden, sie bedanken sich bei dem Gastgeber und heißen insbesondere die eigenen Glaubensbrüder und -schwestern herzlich willkommen.

Votum, Eingangsgebete, Einführung in das Thema

Votum

Pfarrer/-in:

»Wir feiern diesen Gottesdienst im Namen Gottes, des Schöpfers von Himmel und Erde, im Namen Gottes, der in Jesus Mensch geworden ist, im Namen Gottes, der mit seinem Geist bei uns ist.«

Eingangsgebete

Pfarrer/-in:

»Guter Gott, wir danken Dir für die Erde, auf der wir leben.
Wir danken dir für das Leben, das wir aus deiner Hand empfangen haben.
Du bist bei uns in der Schule und beim Spiel.
Sei du bei uns, dass wir dich nicht vergessen.
Segne unsere Worte, dass wir dich loben.
Segne unser Beisammensein. Sei in unserer Mitte. Amen.«

Imam:

»Im Namen Gottes, der die Welt erschaffen hat und erhält.
Im Namen des barmherzigen Gottes, der sich unser erbarmt.
Im Namen Gottes, der ganz nah bei uns ist.
Im Namen Gottes, der barmherzig ist und ein Erbarmer. Amin.«

Einführung in das Thema (Pfarrer/-in):

Kennen Sie das Lied *Er hält die ganze Welt in seiner Hand?* Mit diesen Worten sprechen wir aus, dass Gott alles umfasst und dass wir glauben, dass er uns in seiner Hand hält. Das gilt insbesondere für die neuen Erstklässler. Bis jetzt hielten Sie, liebe Eltern, Ihren Sohn oder Ihre Tochter noch ganz oft in der Hand. Sie haben Ihr Kind hochgehoben, als es gefallen ist, getröstet und versorgt. Je älter sie werden, desto weniger haben wir unsere Kinder in der Hand. Diese Einschulung ist dabei ein großer Schritt in die Selbstständigkeit. Wir müssen darauf vertrauen, dass die Lehrerinnen und Lehrer unsere Kinder in der Schule schützen und an die Hand nehmen. Dass unsere Kinder sicher ihren Weg zur Schule gehen und heil nach Hause kommen. Darum kommen wir in diesem Gottesdienst vor Gott, um ihn zu fragen und um Vertrauen zu bitten, um etwas beruhigt zu sein. Um uns zu vergewissern: Gott hält die ganze Welt in seiner Hand.

Lied
Er hält die ganze Welt in seiner Hand (Ev. Gesangbuch 619)

Psalmengebet
Psalm 95,1 (in kindgerechter Übersetzung)
Wir kommen zu dir, Gott, mit einem Lied.
Wir kommen zu dir, Gott, mit unserem Gebet.
Denn du allein bist unser Gott.
Du bist größer und stärker als alles, was lebt.
In deiner Hand hat alles Platz, was es auf der Erde gibt.
Selbst die tiefsten Täler und die höchsten Berge kann sie umfassen.
Wo wir auch sind, auf dem Meer oder an Land,
du verlierst uns nicht aus deiner Hand.
Wir beten zu dir, denn du hast uns gemacht.
Wir gehören zu dir wie die Schafe zu ihrem Hirten.
Auch wenn wir manchmal nicht auf deine Stimme hören
und eigene Wege gehen, passt du auf uns auf,
damit wir uns nicht verlaufen.

Sure 48:7–10 (gelesen von dem Imam oder der muslimischen Lehrkraft):
Und Allahs sind die Heere der Himmel und der Erden und Allah ist mächtig und weise.

Siehe, wir haben dich entsandt als einen Zeugen und Freudenboten und Warner. Auf dass ihr glaubt an Allah und Seinen Gesandten und dass ihr ihm beisteht und ihn ehret und ihn preiset morgens und abends.

Siehe, diejenigen, welche dir den Eid der Treue leisten, leisten nur Allah den Treueid; die Hand Gottes ist über ihren Händen. Wer daher den Eid bricht, wird nur eidbrüchig wider sich selber; wer aber seinen Bund mit Gott hält, dem wird Er gewaltigen Lohn geben.

Aktion
Die Schulanfänger haben vor dem Gottesdienst von ihrer zukünftigen Lehrkraft einen Brief bekommen. Sie sollen ihre Hand aus Tonpapier mitbringen, mit ihrem Namen darauf. Nun werden diese Hände an eine stark vergrößerte Hand geheftet.

Geschichte: »Großvaters Hände«

Als ich noch ein kleines Schulkind war, besuchte ich jeden Freitagnachmittag meinen Großvater. Wir haben zusammen Tee getrunken und von der vergangenen Woche erzählt.

Danach schloss mein Großvater die Augen und sprach laut mit Gott. Er dankte ihm, dass es mich gab, und sprach danach die Dinge an, die passiert waren. Er erzählte Gott Echtes über mich und ich war jedes Mal gespannt, was es an diesem Tag sein würde.

Wenn ich etwas angestellt hatte, lobte er meine Ehrlichkeit und dass ich die Wahrheit gesagt hatte. Wenn etwas misslungen war, sprach er anerkennend über die Mühe, die ich mir gegeben hatte. Zum Schluss bat er Gott, auf mich aufzupassen.

Endlich legte er sanft seine Hände auf meinen Kopf und segnete mich. In diesem Moment fühlte ich mich sicher und geborgen.

Meine Eltern erwarteten immer von mir, dass ich lernte, viel übte und stets gehorchte. Für meinen Großvater war mein Dasein genug. Noch heute denke ich an seine Worte, auch wenn er nicht mehr lebt. Ich fühle immer noch seine Hände auf meinem Kopf. Ich habe das Gefühl, für alle Zeiten von ihm gesegnet zu sein.

Nach einer Erzählung von Rachel Naomi Remen (Aus Liebe zum Leben. Geschichten, die der Seele gut tun, Freiburg 2002, S. 30–31)

Lied oder Instrumentalmusik

Wünsche für die Schulzeit

Von älteren Schüler/-innen auf Kärtchen vorbereitet

Segensgebet vom Imam

Unser Herr,
lass unseren Eingang einen guten Eingang sein
und lass unseren Ausgang einen guten Ausgang sein.
Und gewähre uns Deine hilfreiche Kraft. (Sure 17:80)
O du Barmherziger.

Segen von Pfarrer/-in
So segne uns Gott, der wie ein Vater seine Hände über uns hält.
So segne uns Gott, der wie ein Freund neben uns ist auf unserem Lebensweg.
So segne uns Gott, der uns mit seinem Geist lebendig erhält. Amen

Schlusslied
Das wünsch ich sehr (Text Kurt Rose, Musik Detlev Jöcker)

Instrumentalmusik (Nachspiel)

Ein Trauergottesdienst in der Grundschule (Modell B: multireligiöse Feier)

Auf dem Weg zur Schule sind zwei muslimische Kinder durch einen Autounfall ums Leben gekommen. Die islamische Beerdigung hat stattgefunden. Nun findet in der Schule ein multireligiöses Trauergebet statt, in dem die Schulgemeinde ihrer Trauer Ausdruck verleiht und Abschied von den zwei Kindern nimmt.

Ablauf	Emmaus (Thema)	Ausführende
Instrumentalmusik		Lehrkraft/Kinder
Begrüßung und Einstimmung	Die Anwesenden werden begrüßt und der Anlass wird genannt sowie die Ambivalenz der Gefühle.	Schulleiter/-in Pfarrer/-in Imam
Eröffnungssure Votum		Imam Pfarrer/-in
Instrumentalmusik		
Eingangsgebete		Pfarrer/-in Imam
Lesung aus Bibel und Hadith	Lukas 24,13–27 (Emmaus) Hadithsammlung Buchari	Pfarrer/-in Imam oder Muslim/-a
Lied	Geh den Weg	
Besinnung		Lehrkraft

Symbolhandlung mit leiser Instrumentalmusik	Kinder bringen Baumblätter nach vorne. Nach der Feier werden Bäume im Schulgarten gepflanzt mit einem Namensschild aus Keramik der verstorbenen Kinder	Alle Anwesenden
Fürbittengebet Islamisches Gebet		Imam Pfarrer/-in
Lied	Er hält die ganze Welt in seiner Hand	
Segen		Pfarrer/-in Imam
Instrumentalmusik		

Instrumentalmusik

Begrüßung und Einstimmung
Schulleiter/-in:
Liebe Schulgemeinde, Schreckliches ist passiert. Wie wir alle wissen, sind vorige Woche … und … auf dem Weg zur Schule durch einen Autounfall ums Leben gekommen. Vorgestern wurden sie beerdigt. Aus der Mitte unserer Schulgemeinde sind zwei Menschen nicht mehr da. Sie fehlen uns und wir sind alle sehr traurig. Darum sind wir hier zusammengekommen. Um zusammen still zu sein, um an die beiden zu denken, um in unserer Trauer nicht alleine zu sein.

Pfarrer/-in:
Wenn bekannten Menschen etwas ganz Schlimmes zustößt, wenn plötzlich ein mit uns befreundeter Mensch stirbt, dann wissen wir oft nicht, was wir tun und wie wir reagieren sollen. Manche von uns ziehen sich zurück, andere werden wütend und aggressiv. Wieder andere versuchen sich durch andere Dinge abzulenken, damit sie bloß nicht an das Schlimme denken müssen. Wir kommen aber jetzt zusammen vor Gott und legen unsere Trauer, unsere Wut und unser Versagen vor ihn. Wir werden Gott bitten um seine Nähe, um seinen Trost, damit wir als Gemeinschaft unseren Weg weiter gehen können.

Imam:
Wir kommen zusammen vor Gott, vor Allah, weil wir ihn auch um Verzeihung bitten wollen, dass wir so schnell vergessen, dass niemand aus seiner Hand fällt.

Wir wollen Gott bitten, uns zu stärken. Wir wollen ihn suchen und ihm danken für alles, was er uns gegeben hat. Auch wenn das Leben von … und … sehr kurz gewesen ist und wir ganz traurig sind, dass sie nicht mehr bei uns sind, wollen wir Gott danken für das Gute, was sie für uns bedeutet haben. Wir wollen sie nie vergessen.

Eröffnungssure und Votum
Imam:
Unser Herr,
nimm an von uns; denn wahrlich,
Du bist der Allhörende, der Allwissende.
Unser Herr,
mach uns Dir ergeben und aus unserer Nachkommenschaft eine Gemeinde, die Dir ergeben ist.
Und weise uns unsere Wege der Anbetung,
und kehre Dich gnädig zu uns;
denn Du bist der Sich gnädig Zuwendende, der Barmherzige.
(Sure 2:127–128)

Pfarrer/-in:
Herr, unser Gott,
gemeinsam bekennen wir,
Juden, Christen und Muslime,
dass Du der Schöpfer des Himmels und der Erde bist.
Lass uns erkennen,
dass wir unter dem Segen desselben Gottes,
unter Deinem Segen
gemeinsam im Alltag der Welt leben.
Wir stehen alle in Deiner Hand
und sind darum Brüder und Schwestern.
Hilf uns, dass wir geschwisterlich handeln
und da helfen, wo wir gebraucht werden.

Stärke unseren Willen dazu,
gegen Ängste und Vorurteile vorzugehen,
die uns den Umgang miteinander erschweren.
Schenke uns in dieser Stunde
die Erfahrung Deiner Gegenwart
und Deines Segens. Amen.[51]

Instrumentalmusik

Eingangsgebete
Pfarrer/-in:
Gott, wir stehen an einer Grenze.
Wir sehen, wie der Tod zwei junge Menschen weggenommen hat.
Wie wird es ohne die beiden weitergehen?
Wir sehen keinen Weg, wir sind traurig, wir sind am Ende.
Gott, stehst du mit uns an dieser Grenze?
Bist du auf unserer Seite?
Gott, hilf uns, still zu sein, Trauer zuzulassen.
Hilf uns zu sehen, wie unser Leben weitergehen kann.
Gott, wir vertrauen auf deine Kraft.
Amen.

Imam:
O Allah,
Dir ergebe ich mich mit meinem Antlitz,
und in Deine Hand lege ich alle meine Angelegenheiten.
Bei Dir suche ich meinen Schutz im Verlangen nach Dir und in Furcht vor Dir;
denn es gibt keine Geborgenheit und keine Rettung vor Dir außer bei Dir.
Ich glaube an Dein Buch, das Du offenbart hast,
und Deinen Propheten, den Du gesandt hast.
(Sunna, Buchari)

51 Elke Kuhn, Christlich-muslimische Schulfeiern, Neukirchener Verlagsgesellschaft mbH, Neukirchen-Vluyn, 2005.

Lesungen
Pfarrer/-in aus der Bibel: Lukas 24,13 (Emmaus-Geschichte)
Imam aus der Hadithsammlung Buchari:
Alles Lob gebührt Allah, unserem Herrn:
Obwohl wir ihm das, was er uns gegeben hat, nicht zurückzahlen können,
lässt er uns nicht im Stich,
und wir kommen ohne ihn nicht aus.

Lied
Geh den Weg (T. + M. Sidney Carter, 1969. Deutsch: W. Leyk)

Besinnung (Textfragmente als Vorschlag)
Wir durften ein Stück des Lebens gemeinsam mit … und … gehen.

Wir sind jetzt genauso traurig wie die zwei Freunde von Jesus, die auf dem Weg nach dem Dorf Emmaus waren. Sie waren traurig, weil Jesus gestorben war. Wir sind traurig, weil … und … nicht mehr leben.

Die beiden Freunde von Jesus dachten auch nach über alles, was sie mit ihm erlebt hatten. Auch wir denken nach über alles, was … und … für uns bedeutet haben:

- …
- …
- …

Wir danken für die Freundschaft und Liebe, die wir von beiden erfahren durften. Das haben sie uns geschenkt und daran werden wir uns erinnern.

Jeder von euch hat von zu Hause ein Blatt mitgebracht. Ihr habt Worte geschrieben für … und … oder ein Bild gemalt. Wir bringen sie jetzt nach vorne.

Symbolhandlung mit leiser Instrumentalmusik
Kinder bringen aus Papier ausgeschnittene Baumblätter, die sie zu Hause beschriften oder bemalen konnten, nach vorne. Sie werden auf ein großes Tuch gelegt, das auf den Altarstufen liegt. Bei dem Tuch brennen auch zwei Kerzen, die an die beiden verstorbenen Schüler erinnern.

Die Blätter werden den Eltern nach der Trauerfeier übergeben.

Nach der Feier werden Bäume im Schulgarten gepflanzt mit Schildern aus Keramik, auf denen die Namen der verstorbenen Kinder geschrieben sind.

Fürbitten

Christlich:

Guter Gott, wir haben viele Gedanken hier hingelegt.
Gedanken an … und …
Wir bitten dich, höre sie, nimm sie auf in deiner Weite.
Guter Gott, wir bitten für die Eltern und Geschwister dieser Kinder. Unfassbares Leid ist über sie gekommen.
Gott, sei ganz nah bei ihnen.
Tröste sie. Lass sie deine Nähe spüren. Lass sie darauf vertrauen, dass ihre Kinder aufgenommen sind in deiner Liebe.
Guter Gott, sei bei allen Menschen, die in dieser Schule sind: Kinder, Lehrerinnen, Sekretärin, Hausmeister.
Alle haben die beiden Verstorbenen gekannt. Sie fehlen uns.
Gott, gib uns die Kraft, unseren Weg weiterzugehen,
und halte uns fest in deiner Hand. Amen.

Muslimisch:

Gepriesen bist Du, …
o Befreier von den Sorgen,
o Beseitigender des Kummers,
o Vergebender der Sünden,
o Annehmender der Reue,
o Schöpfer der Schöpfung,
Gepriesen bist Du, …
o Geliebter dessen, der keinen Geliebten hat,
o Heiler dessen, der keinen Heiler hat,
o Erfüllender dessen, der keinen Erfüllenden hat,
o Mitleidiger dessen, der keinen Mitleidigen hat,
o Begleiter dessen, der keinen Begleiter hat,
o Retter dessen, der keinen Retter hat,
o Wegweiser dessen, der keinen Wegweiser hat,
o Tröster dessen, der keinen Tröster hat,

o Erbarmer dessen, der keinen Erbarmer hat,
o Gefährte dessen, der keinen Gefährten hat.
(Muslimisches Gebetsbuch Dschauschan-ul-Kabir)

Lied
Er hält die ganze Welt in seiner Hand (Ev. Gesangbuch 619)
Oder: Ich möchte, dass einer mit mir geht (EG 209)

Segen
Pfarrer/-in:
Wir gehen fort im Namen Gottes
Und setzen unser Vertrauen in Gott.
Es gibt keine Kraft, Gutes zu tun, oder Stärke,
dem Üblen zu widerstehen, denn durch Gott.
Wir flehen um Deinen Schutz, o Gott,
um nicht irrezugehen oder irregeleitet zu werden,
nicht auszurutschen oder ausrutschen zu lassen,
nicht Unrecht zuzufügen,
oder dass mir nicht Unrecht zugefügt wird,
mich nicht irgendjemandem gegenüber misszuverhalten
oder dass sich irgendjemand mir gegenüber missverhält.
Gott, sei so mit uns mit deinem Segen.[52]

Imam:
Preis sei Dir, o Allah und Lob sei Dir.
Und gesegnet ist dein Name und erhaben ist deine Herrschaft.
Es ist kein Gott außer Dir.
Führe uns auf den rechten Weg.
Auf den Weg derer, denen du Gnade erwiesen hast.
Nicht den Weg derer,
die dem Zorn anheimfallen und die irregehen.[53]
O Allah,
erhelle unsere Gedankenfinsternis.

---

52 Trotz umfangreicher Recherchen konnte der Urheber des Gebets leider nicht ausfindig gemacht werden.

53 Quran 1.

Lass uns nicht fallen, wo wir uns verlieren.
O As-Salam, der Friede,
stifte den Frieden unter deinen Menschen,
denn sie überschreiten das Maß.
Wir bitten dich um Vergebung,
beschere uns die Erleichterung aus allen Bedrängnissen,
den Ausweg aus jedem Kummer.

Instrumentalmusik

Ein Trauergottesdienst in einer weiterführenden Schule (Modell C: interreligiöse Feier)

Religiöse Schulfeiern anlässlich eines plötzlichen Todes haben eine wichtige Funktion, wenn es darum geht, eine Schulgemeinschaft aus einem starren Schockzustand in ein gemeinsames Trauern zu überführen. In dieser Feier geht es um einen muslimischen Schüler, der durch eine Gewalthandlung ums Leben gekommen ist. Dieser Trauergottesdienst zeichnet sich dadurch aus, dass er aus einer plötzlichen Betroffenheit entsteht und deshalb eine lange Vorbereitungszeit und langfristige Absprachen nicht möglich sind.

Ablauf	Gewalt und Schuld (Thema)	Ausführende
Instrumentalmusik		
Begrüßung		Schulleitung
Eröffnungsgebet		Pfarrer/-in oder Imam
Klage	Pfarrer bringt Anlass und Betroffenheit der Anwesenden in Form eines christlichen Gebets zum Ausdruck, der Imam durch ein islamisches Gebet oder eine Sure.	Pfarrer/-in Imam
Instrumentalmusik		
Gedanken zur Tat		Lehrkräfte/Schüler
Instrumentalmusik		

Bitte um Vergebung		Pfarrer/-in oder Imam
Instrumentalmusik		
Symbolhandlung	Kerzen werden angezündet	
Instrumentalmusik		
Fürbittengebet	Unterschiedliche Bitten mit »Gott erbarme dich«, abgeschlossen mit Mohammeds Gebet und Vaterunser	Schüler/-innen, Lehrkräfte Imam und Pfarrer/-in
Sendung und Segen		Pfarrer/-in und Imam
Instrumentalmusik		

Instrumentalmusik
Bei diesen Trauerfeiern mit Jugendlichen sollten meditative Instrumentalmusik, Taizé-Gesänge oder einfache Gebetsrufe als Kanon erklingen. Neben christlichen Liedern und orientalischer Musik oder Rezitationen können auch säkulare Lieder in Betracht gezogen werden, die den Jugendlichen vertraut sind und als Brücke für ihre religiösen Empfindungen dienen können.

Begrüßung durch den Schulleiter
Die Anwesenden werden begrüßt, der Anlass für den Gottesdienst und die Form werden erklärt.

Eröffnungsgebet
Guter Gott,
in deinem Namen sind wir zusammen.
Du, Schöpfer der Welt,
Du, der sich unser erbarmt
Du, der um uns und in uns bist.
Amen

Klage
Der Pfarrer bringt Anlass und Betroffenheit der Anwesenden in Form eines christlichen Gebets zum Ausdruck. »Leben als Fragment …«

- Da fehlt einer.
- Was ich ihm noch sagen wollte …
- Was ich hätte anders machen können …
- Wo ist er hingegangen?
- Warum musste er gehen?

Der Imam bringt die Betroffenheit durch die Rezitation eines Koranverses (Sure 2:156) zum Ausdruck. So lesen wir im Koran: »Gottes sind wir, und zu Ihm kehren wir zurück. O Allah, lege Licht in unser Grab und Licht in unsere Knochen.«[54]

»O Allah, Du bist der Frieden und von Dir ist Frieden, segensreich bist Du, o Besitzer von Majestät und Ehre.«[55]

Instrumentalmusik

Gedanken zur Tat
Hier kann der Schulleiter, eine Lehrkraft usw. benennen, was geschehen ist und welche Empfindungen dies ausgelöst hat.

Instrumentalmusik

Bitte um Vergebung
Guter Gott, der du uns auch in unserem Versagen annimmst:
Wir stehen vor dir, und es fällt uns nicht leicht, Worte zu finden.
Dennoch bringen wir vor Dich, was uns bewegt.
(Stille)
So sprechen wir gemeinsam: Gott, erbarme dich.
Wir bitten um Vergebung dort, wo wir unseren Nächsten nicht achtsam genug begegnen.
(Stille)
Gott, erbarme dich.
Wir bitten um Vergebung dort, wo wir dem Verstorbenen in seinem Leben etwas schuldig geblieben sind.
(Stille)

54 Hadithsammlung At-Tirmidhi 5/483.
55 Hadithsammlung Muslim 1/414.

Gott, erbarme dich.
Gott, lass unsere Gedanken sich sammeln bei dir.
Bei dir ist Licht, du vergisst uns nicht.
Bei dir ist Hilfe, bei dir ist die Geduld.
Wir verstehen deine Wege nicht, aber du weißt den Weg für uns.
Amen.

Instrumentalmusik

Symbolhandlung
Eine gemeinsame Symbolhandlung besitzt eine große integrative Kraft, auch wenn die Unterscheidung zwischen den Religionen nicht mehr deutlich sichtbar ist. Das Kerzenanzünden für einen Verstorbenen ist hier ein geeignetes Ritual.

Instrumentalmusik

Fürbittengebet, Mohammeds Gebet und Vaterunser
Pfarrer/-in:
Gott, du Quelle allen Trostes. Wir sind sprachlos und möchten doch unsere Trauer in Worte fassen.

Imam:
Entsetzt und erschüttert stehen wir vor dir: Hilf du uns, das Unfassbare auszuhalten und zu ertragen.

Fürbitten durch Schüler/-innen oder Lehrkräfte:
Wir bitten für … (Namen des Opfers nennen), der sein Leben verloren hat. Lass ihn bei dir Frieden finden und geborgen sein.
Kyrie-Ruf: Gott, erbarme dich
Wir bitten für die Verletzten, um die wir bangen: Lass sie gut versorgt sein, dass sie heil und gesund werden an Leib und Seele.
Kyrie-Ruf: Gott, erbarme dich
Wir bitten für die Angehörigen, Freundinnen und Freunde: Lass sie nicht verzweifeln und schenke ihnen Kraft, Stärke, Zuversicht und Menschen, die ihnen zur Seite stehen.
Kyrie-Ruf: Gott, erbarme dich

Wir bitten für unsere Schulgemeinschaft: Lass uns nicht zerbrechen und gib uns offene Augen und Ohren, dass wir aufeinander achten und uns beistehen und aufeinander zugehen.
Kyrie-Ruf: Gott, erbarme dich
Wir bitten für … (Name des Täters)
Kyrie-Ruf: Gott erbarme dich

Nach der letzten Bitte spricht der Imam:
So bete ich, wie Muhammed (Friede sei mit ihm) es gelehrt hat:
Unser Herr, Gott,
der du im Himmel bist, geheiligt werde Dein Name!
Dein Befehl regiert im Himmel und auf der Erde.
Wie Dein Erbarmen im Himmel waltet, so lass Dein Erbarmen auf der Erde walten!
Vergib uns unsere Schuld und unsere Sünden!
Du bist der Herr der Rechtschaffenen.
Sende eine Erbarmung von Deiner Barmherzigkeit
und eine Heilung von Deiner Heilkraft
auf dieses Leiden herab.

Danach spricht der Pfarrer/die Pfarrerin:
So beten wir, wie Jesus uns gelehrt hat:
Vater unser im Himmel.
Geheiligt werde dein Name.
Dein Reich komme.
Dein Wille geschehe, wie im Himmel so auf Erden.
Unser tägliches Brot gibt uns heute.
Und vergib uns unsere Schuld, wie auch wir vergeben unseren Schuldigern.
Und führe uns nicht in Versuchung, sondern erlöse uns von den Bösen.
Denn dein ist das Reich und Kraft und die Herrlichkeit.
In Ewigkeit, Amen.

Sendung und Segen
Imam:
O Gnädiger, in Dich setzen wir unser Vertrauen,
und zu Dir kehren wir reumütig zurück.

Laß unsere Herzen nicht von Dir abkehren.
Wir nehmen unsere Zuflucht zu Deiner Erhabenheit.
Bei Dir suchen wir unseren Schutz im Verlangen nach Dir und in Ehrfurcht vor Dir.

Pfarrer/-in:
Gott, du führst uns an Grenzen
der Kraft, der Liebe und der Hoffnung.
Und wenn wir nicht über Grenzen hinwegkommen,
bleibst doch du bei uns,
du, immer du. Amen.[56]

Instrumentalmusik

Weitere Gebete und Segensworte

Eröffnungsgebete

Unser Herr,
schenke uns Weisheit und füge uns zu den Rechtschaffenen.
Unser Herr,
auf Dich verlassen wir uns;
zu Dir finden wir zurück,
und zu Dir ist die letzte Einkehr.
Unser Herr,
Du weißt, was wir verbergen und was wir kundtun.
Und vor Allah ist nichts verborgen,
ob auf Erden oder im Himmel.
Unser Herr,
hilf uns, daß wir und unsere Kinder das Gebet verrichten.
Unser Herr!
Erhöre unsere Bitten.[57]
(Abrahams Gebet aus dem Koran)

56 Tageszeiten des Zentrums Verkündigung, Frankfurt 2012, S. 152.
57 Quran 26:83; 60:4; 14:38,40.

Unser Herr,
lass unsere Herzen sich nicht (von Dir) abkehren,
nachdem Du uns rechtgeleitet hast.
und schenke uns Barmherzigkeit von Dir,
denn Du bist wahrlich der unablässig Gebende.
(Herzensgebet, islamisch, Sure 3:8)

Guter Gott,
wir nennen dich:
Herr,
Allah,
Ewiger,
Lebendiger.
Du hast uns geschaffen in Vielfalt.
Viele Sprachen, viele Völker,
viele Kulturen, viele Religionen.
Gott, wir bitten dich:
Segne uns, am Anfang dieses Schuljahres,
Segne uns, dass wir die Vielfalt als Reichtum erfahren
Segne unser Leben.
Amen.

O Allah,
gib mir Licht in mein Herz und Licht in meine Augen,
lege mir Licht in meine Ohren und meine Zunge,
Schenke mir Licht in meinen Augen,
O Allah,
gib mir Licht in meinen Nerven, Licht in meinem Fleisch, Licht in meinem Blut in meiner Haut,
schenke mir Licht, lege in mich Licht,
mache mich zum Licht![58]

Herr, unsere Erde ist nur ein kleiner Körper im großen Weltall. An uns liegt es, daraus einen Planeten zu machen, dessen Geschöpfe nicht von Kriegen gepeinigt werden, nicht von Hunger und Furcht

58 Hadīth Muslim 7/26, Buchari 11/116.

gequält, nicht zerrissen in sinnloser Trennung nach Rasse, Hautfarbe oder Weltanschauung. Gib uns den Mut und die Voraussicht, schon heute mit diesem Werk zu beginnen, damit unsere Kinder und Kindeskinder einst mit Stolz den Namen »Mensch« tragen.
(Gebet der Vereinten Nationen)

Dankgebete

Allah,
Du bist der Friede und der Friede ist von Dir.
Gesegnet bist Du,
O Herr von Erhabenheit und Ehre.
O Allah,
wir nehmen Zuflucht bei Dir vor allen Übeltätern und Übeltäterinnen.[59]
O Allah,
wir suchen Zuflucht bei Dir davor,
dass wir irregehen oder irregeleitet werden,
dass wir einen Fehler begehen oder dazu verleitet werden,
einen Fehler zu begehen,
dass wir unrecht handeln oder ungerecht behandelt werden, dass wir unwissend handeln oder unwissend behandelt werden.[60]

Mein Herr,
gib mir ein, dankbar für die Gnade zu sein,
die Du meinen Eltern und mir gewährt hast,
und gib mir ein, Gutes zu tun,
das Dir wohlgefällig sei,
und nimm mich in Deiner Barmherzigkeit unter Deine rechtschaffenen Diener auf.
(Gebet Salomons. Koransure 27:19)

59 Al-Bukhari 1/45 und Muslim 1/283.
60 Sahih At-Tirmidhi 3/152.

Augen, in denen wir Gott erkennen
Heute
habe ich in Augen geblickt,
die waren so fröhlich,
dass ich lachen konnte.
Heute
habe ich in Augen geblickt,
die waren so traurig,
dass ich weinen wollte.
Heute
habe ich in Augen geblickt,
die waren so leer,
dass ich schweigen musste.
Heute
habe ich in Augen geblickt,
die waren so,
dass ich dich erkennen durfte.
(Anne Ressel, in: Michael Lipps (Hg.), Gott in vielen Stimmen Beten in Mannheim, Mannheim ³2003, S. 33)

Fürbittgebete

Mach das Unmögliche möglich
O Herr,
ich weiß nicht, wie ich es aushalten soll, aber du weißt es.
Aus deiner Gnade mach das Unmögliche möglich für mich, das mir unmöglich scheint.
Sag meiner Seele, Herr,
dass alles einen Sinn hat.
Amen.
(Übersetzt von Susanna Faust-Kallenberg aus dem Gotländsk Bönbok, Visby Stift, Svenska Kirkann ³2005, Ed. Sven Åkerheden)

Wende uns dein Angesicht zu
So wie du dein Volk in früheren Zeiten lehrtest, so rufen wir:
Wende uns dein Angesicht zu, mit Augen, die uns sehen,
mit Ohren, die uns hören, mit einem Mund, der zu uns spricht.

Mit einem Gefühl, das uns kennt, so wie ein Schaf sein Lamm und eine Löwin ihr Junges!
Wende uns dein Angesicht zu und gib uns deinen Frieden.
Amen.
(Übersetzt von Susanna Faust-Kallenberg aus dem Gotländsk Bönbok, Visby Stift, Svenska Kirkann [3]2005, Ed. Sven Åkerheden)

Gebet im Koran (Sure 1)
Mit dem Namen Allahs,
des Gnädigen, des Barmherzigen.
Alles Lob gebührt Allah, dem Herrn der Welten,
Dem Gnädigen, dem Barmherzigen,
dem Herrscher am Tage des Gerichts!
Dir allein dienen wir, und Dich allein bitten wir um Hilfe.
Führe uns auf den geraden Weg,
Den Weg derer, denen Du Gnade erwiesen hast,
nicht den Weg derer, die den Zorn erregt haben, und nicht den Weg der Irregehenden.

Wie eine Blume, die verwelkt ist
Wie eine Blume, die verwelkt ist
Wie ein Feuer, das verglüht ist
Wie ein Wind, der still geworden ist
mitten im Leben der Tod.
Gibt es in den Fragen der Trauer keinen Trost zu finden?
Gibt es in der erlöschenden Dunkelheit kein Licht mehr?
Gibt es in irgendeinem Himmel
irgendeines Nähe?
Gibt es keine Umarmung, in die man flüchten kann?
Jemand, der wie Gott ist?
Wenn du etwas findest, komm zu mir.
Wenn du etwas findest, finde es hier.
Fülle meine Trauer mit Leben
du, der du wie Leben bist.
(Übersetzt von Susanna Faust-Kallenberg aus Svenska Psalmer i Talet, Svenska Kirkan)

Bei Sterben und Tod

Du, unser Gott,
wenn wir leben, sind wir dein,
und wenn wir sterben, sind wir auch dein.
Darum, ob wir leben oder sterben, gehören wir dir.
Es ist so viel gewesen, was wir gemeinsam gelegt haben:
Jeder ist Teil des anderen geworden, ohne einander sind die vergangenen Jahre nicht denkbar.
Schöne, aber auch schwere Tage und Stunden haben wir erlebt.
Wir haben in ihnen einander Gutes und Böses angetan, du hast alles in deiner Hand gehabt.
Gott, lass uns dir noch einmal gemeinsam mit Dank begegnen.
Wir sind dein im Leben und im Sterben.
Der Tod wird uns auseinanderreißen.
Wir bitten dich: Lass uns ertragen, was wir noch nicht fassen können.
Schenke uns deinen Beistand und deine Nähe, was immer auch geschieht.
Wenn wir leben und wenn wir sterben, Gott, sind wir dein.
Lass uns in diesem Glauben geborgen und in ihm verbunden bleiben. Amen.

(Elfi Claus, in: Michael Lipps (Hg.), Gott in vielen Stimmen Beten in Mannheim, Mannheim [3]2003, S. 86)

Lehre uns (islamisch)

O Allah,
der Lehrer von Suleiman (Salomon) und Musa (Moses),
belehre uns das Wissen,
der Lehrer von Isa (Jesus) und Muhammed,
lehre uns die Weisheit.
Nimm uns die Unwissenheit,
weise uns an das Vergessene und öffne uns,
und durch uns den Segen der Himmel und Erde.
Du bist der Allhörende, der Allsehende.

Rechtleite uns (islamisch)
Unser Herr,
laß unsere Herzen sich nicht von Dir abkehren,
nachdem Du uns rechtgeleitet hast.
Und gewähre uns Gnade von Dir; gewiß,
Du allein bist der unablässig Gebende.
(Sure 3:8)

Gewähre mir Unterkunft (islamisch)
Mein Herr,
gewähre mir eine gesegnete Unterkunft,
denn Du bist der Beste,
der für die Unterkunft sorgt.
(Sure 23:29)

Vergib uns und bürde uns nichts Schweres auf (islamisch)
Unser Herr,
nimm es uns nicht übel,
wenn wir vergessen oder wenn wir Fehler begehen.
Unser Herr,
und erlege uns keine Bürde auf,
so wie Du sie jenen aufgebürdet hast,
die vor uns waren.
Unser Herr, bürde uns nicht auf,
wozu wir nicht die Kraft haben.
Begnadige uns, vergib uns, und erbarme Dich unser.
Du bist unser Beschützer.
(Sure 2:286)

Vergeben (christlich)
Vater im Himmel,
so oft haben ich gesagt:
und vergib uns unsere Schuld,
wie auch wir vergeben unsern Schuldigern.
Vater,
wie oft spreche ich Worte, ohne nachzudenken.
Wie oft handle ich und übersehe die Folgen nicht.

Guter Gott,
du vergibst mir meine Schuld,
damit auch ich vergeben kann.
Amen.

Muslimisches Friedensgebet
O Allah,
festige deine Rechtleitung in unseren Herzen,
und lass sie eine Genesung für uns sein,
und Licht für unsere Augen sein.
O Gnädiger,
leite uns und lass niemanden uns in die Irre leiten,
und lass uns niemanden in die Irre führen.
Schütze uns vor großen schweren Prüfungen und behüte uns vor allen Versuchungen.
Unser Herr,
schenke uns den weisen Lehrer und die gute Freundschaft,
lehre uns die Genügsamkeit und die Herzensruhe.
Heile uns, heile unsere Herzen und heile unsere Vernunft.
O Barmherziger,
wir tun uns selbst Unrecht, so vergib uns. Nimm die Menschen in deine Nähe und in deiner Barmherzigkeit auf.
Vergib unsere Sünden,
und leite uns auf den Weg der Wohlgefallenen.
O Allah,
gib uns Licht in unsere Herzen, Licht in unsere Augen, Licht in unsere Ohren.
Du Allhörer,
verzeihe unsere Sünden, reinige unsere Herzen und schütze unseren Geist und Körper.
Nimm von uns die Unwissenheit.
Weise uns an das Vergessene und segne die Menschheit.
Du bist der Allhörende, du bist der Allwissende.
O Allah,
behüte die Menschen vor allem Bösen. Lass die Liebe in den Herzen der Menschen aufblühen.
Unser Herr,

gewähre uns Gutes in dieser Welt und Gutes im Jenseits.
Vergib den Lebenden unter uns und unseren Verstorbenen, den Anwesenden unter uns und den Abwesenden von uns.
Du bist das Licht der Himmel und der Erde, und dessen,
was sich in ihnen befindet. Und alles Lob gebührt Dir,
Du bist der Erhalter der Himmel und der Erde,
und dessen, was sich in ihnen befindet.
Du bist das Licht des Lebens und die Wahrheit.

Segensworte

Christlich

Der Herr segne und behüte dich, der Herr erhebe sein Angesicht auf dich und schenke dir seinen Frieden.
(nach Numeri 6,24; 26)

Gepriesen bist Du (Islamisch)
Gepriesen bist Du, …
o Befreier von den Sorgen,
o Beseitigender des Kummers,
o Vergebender der Sünden,
o Annehmender der Reue,
o Schöpfer der Schöpfung,
Gepriesen bist Du, …
o Mächtiger, Der nicht geschädigt werden kann,
o Gütiger, Der nicht übertreffbar ist,
o Beständiger, Der niemals schläft,
o Ewiger, Der niemals vergeht,
o Lebendiger, Der niemals stirbt,
o König, Der niemals zugrunde geht,
o Überlebender, Der niemals untergeht,
o Allwissender, Der niemals unwissend ist,
o Unabhängiger, Der nicht auf Nahrung angewiesen ist,
o Starker, Der niemals schwach ist.
Gepriesen bist Du, …
o Erschaffer ohne erschaffen zu sein,
o Schöpfer ohne geschöpft zu sein,

o Bewahrer, ohne bewahrt zu werden,
o Zeuge, ohne abwesend zu sein,
o Naher, ohne fern zu sein.
Gepriesen bist Du, …
o Licht des Lichtes,
o Erleuchter des Lichtes,
o Schöpfer des Lichtes,
o Licht, dem kein Licht ebenbürtig ist.
Gepriesen bist Du, …
o Freude der Erkennenden,
o Endwunsch der Liebenden,
o Vertrauter der Anstrebenden,
o Geliebter der Reumütigen,
o Sorgender der Besitzlosen,
o Hoffnung der Sünder,
o Erleichternder der Besorgten,
o Erlöser der Bekümmerten,
o Gott der Ersten und der Letzten.
Gepriesen bist Du, …
Allah unser, wir beten Dich mit Deinem Namen an:
o Vergebender, o Verzeihender,
o Geduldiger, o Dankbarer,
o Gnädiger, o Nachsichtiger,
o Sorgender, o Barmherziger,
o Lobgepriesenster, o Heiligster.
Gepriesen bist Du, …
o Geliebter dessen, der keinen Geliebten hat,
o Heiler dessen, der keinen Heiler hat,
o Erfüllender dessen, der keinen Erfüllenden hat,
o Mitleidiger dessen, der keinen Mitleidigen hat,
o Begleiter dessen, der keinen Begleiter hat,
o Retter dessen, der keinen Retter hat,
o Wegweiser dessen, der keinen Wegweiser hat,
o Tröster dessen, der keinen Tröster hat,
o Erbarmer dessen, der keinen Erbarmer hat,
o Gefährte dessen, der keinen Gefährten hat.
(Muslimisches Gebetsbuch Dschauschan-ul-Kabir)

Allah schenke euch Wissen und Weisheit, und füge euch zu den Rechtschaffenen. Mache er euch zu den Erben des Gartens der Glückseligkeit.
(u. A. Koransure 26:83; 84)

Unser Herr, wir suchen Deinen Schutz davor, daß wir Dich nach dem fragen, wovon wir keine Kenntnis haben. Und wenn Du uns nicht verzeihst und Dich unserer erbarmst, so werden wir unter den Verlierenden sein.
(Sure 11:47)

Unser Herr, wir haben gegen uns selbst gesündigt; und wenn Du uns nicht verzeihst und Dich unserer erbarmst, dann werden wir gewiß unter den Verlierern sein.
(Sure 7:23)

Setze Licht in unser Herz und in unsere Seele,
Setze Licht auf unsere Zunge,
Schenke uns Licht in unseren Augen,
Leuchte auf in unseren Nerven,
sei Licht in unserem Fleisch, unserem Blut, unserem Haar und unserer Haut.
Gott, gib uns Licht,
Mache uns Licht!
(Hadīth Muslim 7/26, Buchari 11/116)

Christlich
Gott segne dich,
damit du ein Segen bist.
Gott behüte dich und schaue dich freundlich an,
damit du andere behütest
und ihnen freundlich begegnest.
Gott vergebe dir das, was dir nicht gelungen ist,
damit du anderen vergibst
und du ein weites Herz hast.
Gott schenke dir seinen Frieden,
damit du Frieden schaffst
in dieser Welt.

Segen für einen Trauergottesdienst (christlich)
Gott, der uns geschaffen hat, sei bei uns in unserer Not.
Jesus Christus, der Leiden und Ohnmacht kennt,
sei bei uns in unserem Schmerz, unserer Angst und Wut.
Heiliger Geist, der die Menschen zusammenführt,
stärke uns in unserer Gemeinschaft.
So segne uns Gott – Vater, Sohn und Heiliger Geist.
Amen.

Weiterführende Literatur

Bibel

Gute Nachricht Bibel, durchgesehene Ausgabe, Deutsche Bibelgesellschaft, Stuttgart 2000

Lutherbibel, revidierter Text 1984, durchgesehene Ausgabe, Deutsche Bibelgesellschaft Stuttgart 1999

Die Bibel. Einheitsübersetzung in neuer Rechtschreibung, Katholisches Bibelwerk, Stuttgart 2004

Koran

Koran. Übersetzung von Max Henning. Reclam Universal-Bibliothek Nr. 4206, Stuttgart 1960/Ditzingen 2002

Die Botschaft des Koran – Übersetzung und Kommentar. Muhammad Asad, Mannheim ^{4}2015

Der gnadenreiche Koran. Arabisch mit deutscher Übersetzung. Max Henning, DITIB, Köln 1991/Ankara 2002

Islam und Christentum

Martin Affolderbach und Inken Wöhlbrand (Hg.), Was jeder vom Islam wissen muss. Im Auftrag des Amtes der Vereinigten Evangelisch-lutherischen Kirche Deutschlands (VELKD) und des Kirchenamtes der Evangelischen Kirche in Deutschland (EKD), Gütersloh ^{8}2011

Christian W. Troll, Muslime fragen, Christen antworten, Regensburg ^{2}2004

Arbeitsgemeinschaft Christlicher Kirchen, Zentralrat der Juden, Zentralrat der Muslime, DITIB (Hg.), Weißt du wer ich bin? Materialheft-1 (Basisheft), Frankfurt 2004–2011, www.oekumene-ack.de

Johannes Lähnemann, Spiritualität. Multireligiös. Begegnungen der Religionen, Besinnungen, Lieder, Berlin 2014

Susanne Heine, Ömer Özsoy, Christoph Schöbel, Abdullah Takin (Hg.), Christen und Muslime im Gespräch, Gütersloh 2014

Der Koran. Die wichtigsten Texte ausgewählt und erklärt von Hartmut und Katharina Bobzin, München 2015 (1. Fassung: KoranLeseBuch, Freiburg i. B. 2005)